Next 教科書シリーズ

発達と学習

[第2版]

内藤 佳津雄・北村 世都・鏡 直子 編

弘文堂

はじめに

　教員を目指す大学生向けの教科書として、Next 教科書シリーズ『発達と学習』を刊行してから4年が経った。このたび全面的に改訂する機会をいただき、『発達と学習（第2版）』を発刊することとなった。

　この間、教職課程の大きな改正があり、「教育の基礎的理解に関する科目」の中で、発達や学習に関する心理学的な理解を図る科目として「幼児、児童及び生徒の心身の発達及び学習の過程」と「特別の支援を必要とする幼児、児童及び生徒に対する理解」が規定された。教員となったときに幼児・児童・生徒等の教育を担う場面を考えると、成長過程にある幼児・児童・生徒の心理的特徴をよく理解したうえで指導を行う必要があり、発達の理解は欠かせない。また、授業や指導を行う中で効果的な学習を目指すためには、心理学で研究されてきた学習、記憶、動機づけ、知能等の科学的研究の成果を理解したうえで、授業法や評価の工夫を行っていくことが求められる。さらに、発達障害を中心として、支援を必要とする子どもへの理解と対応は、教員として必ず知っておくべきことと位置付けられ、先輩教員や心理専門職等の助力を受けながら、発達障害等がある子どもの学習活動や社会的活動への支援を適切に行っていくことが求められている。

　本書では、このような教員として必要な心理学的な知識を習得できるように、「発達」、「学習」、「発達障害」の3本柱を12章に分けて構成した。そのうえで、発達（第Ⅰ編：第1〜4章）および学習（第Ⅱ編：第5〜10章）については、授業内で取り扱う事項だけでなく、自己学習を図るための内容を細部にわたって検討し、教員を目指す大学生にぜひ学んでほしい事項を追加することで内容を充実させた。また、発達障害に関する章（第Ⅲ編：第11〜12章）では、発達障害の基本的理解を図るとともに教育の場での具体的な理解や対応のイメージがつかみやすい内容にするべく大きく改訂を行った。初版に引き続き、第2版も教員を目指す大学生への授業や日々の学習に役立てば幸いである。

2020年1月 編者を代表して　内藤佳津雄

目　次　┃　Next教科書シリーズ『発達と学習』［第2版］

第Ⅰ編

「発達」の理解

本章のポイント

　本章では、発達と学習を学んでいく第1歩として、発達とはどのような概念なのか理解を深める。第1に、発達の背景にある考え方、発達心理学の歴史について理解を深める。第2に、発達には、生得的（遺伝的、先天的）な要因と経験的（環境的、学習的）要因が影響をおよぼしており、両者の関係についての諸説を理解する。第3に、本書が対象とする乳児期から青年期の各発達段階の概要について知り、2章以降の各領域に関する理解の基礎としてほしい。以上のことから、教育と発達の関係を理解し、教育の目標や方法を考えるうえで、発達を理解することの重要性について学ぶ。

1 発達の理解

A 発達とは

「発達」という語は、日常生活の中では「産業の発達」、「低気圧の発達」といった使い方をされている。いずれも規模が大きくなっていったり、機能が高まっていったりする様子を発達と呼んでいる。

心理学では、人の一生にわたるさまざまな変化のことを発達と呼んでおり、その研究分野を発達心理学という。かつては、誕生から成人にいたる成長の過程が重視され、その研究分野は「児童心理学 (Child Psychology)」と呼ばれていた。この「児童」という語は、18歳未満の子どものことを指している。この時代には、成人になると成長は完成し、成人期以降はその機能が維持あるいは低下していく時期とみられ、特に老化が著しくなる老年期は衰退の時期として捉えられていた。発達という語のイメージも、子どもが「成長」して成人になるまでの期間が当てはまる感じがする。しかし、人間は成長であっても、老化であっても、生物学的な変化に応じて、社会的環境の中でさまざまな経験を積み、適応して変化していくことができる。生物学的な成長や衰退だけに着目するのではなく、環境の中での経験による適応や変化を重視した考え方が「発達」であると考えることができる。現在では、誕生（あるいは受精）から死にいたるまでの一生の変化を生涯発達と捉え、連続的な変化の過程と捉えるようになっている。

B 発達心理学が生まれるまで

ヨーロッパの社会では、中世から近世まで子どもは大人とは違う存在だとは考えられていなかった。子どもは「小さい大人」と捉えられており、大人と子どもには質的な違いが認められていなかった。その考えに異議を唱えたのがルソー (Rousseau, J.-J.) である。1762年に刊行された著書『エミール』で子どもは独自の存在であることを唱えた。そして、子どもは本来、善であり、その本質を伸ばしていくのが教育だという考えを示し、これが現代的な教育思想の出発点として位置づけられている。子どもへの実践的な教育としては、1800年前後にはペスタロッチ (Pestalozzi, J. H.) が民衆に対

する初等教育の実践と理論を示し、その教育理論は 1840 年にフレーベル（Fröbel, F. W. A.）による世界最初の幼稚園の設立につながっていった。

　一方、心理学の歴史は、1879 年にヴント（Wundt, W. M.）が、ライプツィヒ大学に世界で最初の心理学実験室を設立したことによって始まった。発達に関する研究としては、1882 年にドイツ人のプライヤー（Preyer, W. T.）が、自分の子どもを出生直後から 3 歳になるまで観察した成果をまとめた著書『児童の精神』を刊行した。この著書によって、子どもを長期的に観察研究するという発達心理学の研究方法が確立されたと考えられる。発達心理学の研究に大きな影響を与えたピアジェ（Piaget, J.）も、この研究手法を用いた。アメリカでは、ヴントの教えを受けて帰国したホール（Hall, G. S.）が児童研究運動を興し、発達心理学の基礎を築いた。ホールの研究は児童に留まらず、青年期の独自性に着目し、1904 年には著書『青年期』を出版している。ホールは児童心理学（その後の発達心理学）の創始者と位置づけられている。ホールの児童研究運動は日本にも影響をおよぼしており、1898（明治 31）年には、月刊の専門誌である『児童研究』が刊行され、1902（明治 35）年には、『日本児童学会』が発足している。

2　発達に影響をおよぼす要因

A　成長・成熟、学習とは

　成長とは、身長や体重の増加といった身体的な量的な増加を指す言葉であり、誕生から成人にいたるまでの期間の大きな特徴である。成熟とは、青年期に第二次性徴が出現し、生殖機能が完成されていくことを指すが、幅広く成長と同様の意味を指す場合もある。いずれも、生得的に組み込まれた生物学的あるいは遺伝的要因によって生じるものである。一方で、人間はさまざまな環境の中で、さまざまな経験をすることで変化を遂げていくことができる。同じように成長しても、育った環境や経験が違えば、できることや知っていること、考え方や行動が異なる。心理学では、経験によって、比較的永続的に行動が変化することを「学習」と呼んでいる。つ

まり、発達には、成長や成熟をもたらす生得的要因（遺伝的要因、先天的要因、生物学的要因ともいう）と学習による経験的要因（環境的要因、学習的要因ともいう）の両方が影響を与えていると考えられる。

　誕生から成人するまでの成長の期間では、心身の成長による変化が著しく、そこに目がいきがちである。しかし、心身の成長に合わせて、どのような学習をするのかということが、発達に大きな影響を与える。だからこそ、子どもが新しい経験をし、学習する機会を設ける「教育」には大きな意義があるといえる。

B　生得的要因と経験的要因

　発達は、主として成長に関する生得的要因（遺伝的要因、先天的要因、生物学的要因）と環境の中で学習をしていく経験的要因（環境的要因、学習的要因）の両方の影響を受けていると現在では考えられている。しかし、歴史的には生得的要因が決定的な影響を持つと考える生得説が先行していた。

[1] 生得説

　生得的要因が発達において決定的に影響を持っているという考え方を生得説（遺伝説・先天説）という。近代以前のヨーロッパ社会では、生まれこそが人生を決定する要因であった。また、1859年に発表されたダーウィン（Darwin, C. R.）の「種の起源」による進化論も、発達心理学の中で種としての生得的要因を重視する立場に影響を与えたと考えられる。

　ゲゼル（Gesell, A.）は、発達を決定する要因として、生得的要因を重視した「成熟優位説」で知られている。ゲゼルらは、双子の子どもを対象とした階段登りを題材にした研究を1929年に発表した。その研究では、まず、生後46週の双子の子どもの一方に4、5段ほどの階段を上がる練習を6週間継続した。その結果、26秒で階段を上がることができるようになった。その時点（生後52週）の段階で練習をしていなかった方の子どもに階段登りをさせると45秒かかった。しかし、そこから同じように階段登りの練習を開始すると、2週間の練習期間だけで10秒で階段を上がれるようになったのである。この結果から、ゲゼルは、発達に決定的に影響を持っているのは生得的要因であるという「成熟優位説」を主張した。もちろん、ゲ

ゼルは、発達において生得的要因だけが決定要因になるのではなく、学習の必要性も認めている。しかし、学習が成立するためには一定の成長や成熟が必要であり、十分に成長・成熟した後でないと、学習は有効ではないという考え方であり、生得的要因の優先性を示した説であるといえる。このようにある知識や技術についての学習が成立するために十分な成長・成熟の状態をレディネスという。

[2] 学習説

　一方で、生得的要因ではなく、経験による学習こそが発達を決定づけるという考え方を学習説（経験説、環境説）という。行動主義の心理学を創設したワトソン（Watson, J. B.）は、自分に子どもを預けてくれるならば、どんな職業にでもしてみせると言ったことで有名である。人には生得的要因の違いはなく、人間の知性は経験による学習によってのみ習得されていくという経験重視の考え方である。ワトソンの発言は、生得的要因を一切排除した極端な説ではあるが、学習の重要性が認識されるのに大きく貢献したと考えられる。

　このように、かつては極端な生得説や学習説も主張されていたが、現在では、生得的要因と経験的要因の両方が発達に影響していると考えられるようになっている。しかし、どちらの要因の影響が強いのか、どのように2つの要因が関係し合っているのか、ということについては、いくつかの考え方が提案されてきた。

[3] 敏感期

　カモなどの鳥類には、孵化した後に初めて見た動く対象を追う行動が持続的にみられる。このように、特定の時期に特定の刺激によって生じた反応が、そのまま永続的に継続してしまうような学習を刻印づけ（インプリンティング）という。刻印づけは、生得的にそのしくみが組み込まれていると考えられ、いったん成立してしまうと永続的であるが、生後間もない一定期間内に特定の経験をしなければ成立しない。つまり、経験的要因は決定的に必要であるが、それは生得的要因なしには生じない。生得的要因と経験的要因の2つの要因を必須とする発達の現象であると考えられる。人間

にも、たとえば、歩行などの運動機能や母国語の理解や発話については、誕生後の早い時期から幼児期の初期において、特定の経験をすることによって学習が成立し、その時期を過ぎると学習が成立しなくなると考えられてきた。このような学習が成立する限られた期間を臨界期という。特に誕生後すぐの時期が臨界期となり、その後の行動に大きな影響を与えるような経験を初期経験という。ただし、近年では、臨界期と考えられていた期間以降であっても、適切な関わりや教育をすることで習得ができるようになった事例も示されている。しかし、運動や母国語の習得には幼児期の初期までの経験が重要であるという研究結果も多く、この時期を逃したら学習できないという意味での臨界期ではなく、刺激を受け入れやすく学習が行われやすい時期という意味で、敏感期と呼ぶようになっている。

[4] 輻輳説

シュテルン（Stern, W.）が提唱した輻輳説では、生得的要因と経験的要因が加算的に働き、発達が決定されると考える。シュテルンは1900～1930年代ごろに活躍した心理学者である（たとえば、著書『幼児期の心理』は1914年刊行）。輻輳とは「寄り集まる」という意味である。ただし、領域によって影響を与える生得的要因と経験的要因の強さはさまざまであると考えられ、その考え方はルクセンブルガー（Luxenburger, J. H.）の図式として示されている（図1-1）。中央に引かれた縦線はちょうど生得的要因と経験的要因が半々影響を与えていることを示しており、X（発達的現象）＝E（生得的要因）＋U（経験的要因）として示される。中央よりも左寄りでは、生得的要因が

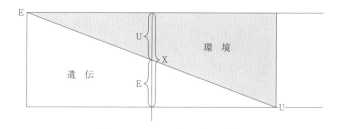

図1-1　ルクセンブルガーの図式

（岡田，1954に基づき作成，原図は高木正孝による）

強く、右寄りであれば経験的要因が強いということになる。しかし、この説では生得的要因と経験的要因は独立して加算的に働いており、一方が強く現われるならば、他方は弱くなると考える。ルクセンブルガーの説は、対極説とも呼ばれている。

[5] 相互作用説

現在では、生得的要因と経験的要因は加算的ではなく、相互に作用して積算的に発達に影響をおよぼしていると考えられている。これを相互作用説という。しかし、生得的要因と経験的要因のどちらが優位なのか、経験がどのように生かされるのかといった点について、いくつかの考え方が提案されている。

（1）環境閾値説

相互作用説の初期的な研究として、ジェンセン（Jensen, A. R.）が1960年代に発表した環境閾値説がある。ジェンセンは、発達の遺伝的な要因が実際に現れるために必要な環境的要因の程度があり、それを環境閾値と呼んだ（図1-2）。この図の中で、一番左側にある曲線Aは、環境的な要因が貧弱でも遺伝的な要因が現れる領域であり、身長が例示されている。身長の高さは、遺伝的な影響が強く、環境的要因に関わらず、その特徴が現れると考えられるが、それでも極端な栄養や運動の不良状態は発育を妨げるだろう。一方で、図の中で一番右側の曲線Dは、環境的要因が豊富に働かないと遺伝的要因が表出しない領域であることを示しており、たとえば音感

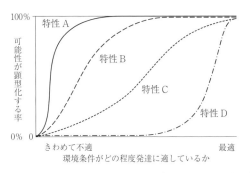

図1-2　ジェンセンの環境閾値説の模式図（東，1969 図に基づき作成）

が例示されている。遺伝的な要因も必要ではあるが、それが表面に現れる
には相当の経験や訓練を要するということである。ジェンセンの理論は遺
伝的な要因の発現という観点から環境を捉えており、生得的要因を重視し
た相互作用説と考えられる。

(2) ピアジェの均衡化説

　ピアジェは、自分の子どもの知的発達に関する詳細な観察をもとに生得
的要因と経験的要因の相互作用による認知発達理論を提唱し、発達心理学
の研究に大きな影響を与えた。ピアジェは 1896 年に生まれ、最初は生物
学を志し、若くして研究が認められていたようであるが、発達心理学に転
向し、1920 年代頃から多くの著作を発表してきた。中でも 1950 年刊行の
『発生的認識論序説』全3巻はその集大成として位置づけられる。

　ピアジェの理論では、シェマと呼ばれる外界への認知の枠組みを想定し、
まずはそのシェマを使って外界への認識を「同化」させるが、やがて現実
の認識に問題が生じるとシェマを「調整」することによって、認識を変化
させる。この過程を均衡化といい、生得的な認知の枠組みが出発点になっ
て、経験的要因を同化によって取り込み、調整によって修正しながら新し
い枠組みを作り出していく相互作用による発達理論であると考えられる。
詳しくは、**第2章**を参照してほしい。

(3) 言語獲得の相互作用説

　乳幼児期における母国語の習得は「言語獲得」と呼ばれる。言語は人間
独自のものであり、人間独自の言語や認知のしくみに関する生得的要因と、
乳幼児期の言語や認知に関する経験的要因の相互作用によって、発達する
と考えられる。しかし、生得的要因と経験的要因の捉え方や関係について
はさまざまな理論が提出され、議論が行われている。

　言語学者のチョムスキー（Chomsky, N.）は、乳児から幼児になる短い期間
に、環境や経験の違いに関わらず、またどの言語にも共通的に同様の言語
獲得が可能であることなどから、人には種として固有の言語獲得装置が生
得的に備わっており、それが乳児期から幼児期に接触した言語経験に応じ
て発現し、母国語の獲得が図られるという言語発達の理論を提案している。
この理論では、言語の統語規則（文法）の獲得を中心として、人間という種
だけにみられる言語に特有な生得的要因の役割を重視している。乳・幼児

期の言語経験はその発現に必要ではあるが、経験が貧弱でも言語獲得は可能だと考える（Chomsky, 1986）。

　一方で、言語獲得に特化した生得的要因の存在とその影響力の強さについては異論が主張されている。たとえば、比較行動学者であり発達心理学者のトマセロ（Tomasello, M.）は、チンパンジーなどの他の哺乳類と比べて、人間は他者の行動の背後にある意図を推測し模倣できるということが特徴であることに着目した。その能力を基盤にして、周囲の人と社会的な関係を形成し、他者の意図を推測していく経験の中で言語が獲得される経験的要因により重点を置き、言語特有の生得的な獲得装置を仮定しない言語獲得理論を提案している（Tomasello, 2003）。

3　発達段階と発達課題

A　発達段階とは

　子どもの成長を見ていると、徐々に成長していき、発達は連続したものに見える。しかし、運動、知的行動、社会的行動のいずれをみても、質的に大きな変化をする転換点があり、発達上の大きな節目になる時期によって、段階的な発達を想定することが多い（発達段階）。発達段階は、生物学的な大きな変化をもとにしているが、社会文化的な期待に応じて規定されており、特に子どもの発達段階は学校制度と密接に連動している。生涯発達論では受精から死までを一連の過程として考え、胎児期、乳児期、幼児期、学童期、青年期、成人期、老年期という区分で発達段階を考えることが多い。発達の領域によっては、さらに各期をいくつかに分割して考えることもある。ここでは、教育の中で関わりが深い乳児期から青年期までの特徴を概観する。領域ごとの詳細な発達の特徴は、**第2章～第4章**を参照してほしい。また、記述中の月齢・年齢の表記は平均的なものであり、個人差が存在する。特に教育の場面では、前の発達段階の特徴がみられる子どもがおり、発達の個人差の理解が重要である。

[1] 乳児期 (0~1歳頃)

　人間は出生時には、身長約50cm、体重約3kgである。人間の乳児の特徴は、他の哺乳類に比べて自立性が低い状態で生まれるということである。多くの哺乳類は、生後すぐに自分で移動が可能であり、自力で生存できる能力を有している。しかし、人間は誕生時には自力での移動はできず、養育者なしで生きていくことは不可能である。この特徴をポルトマン (Portmann, A.) は「生理的早産」と呼んだ。しかし、未熟な状態で生まれることによって、多様な刺激にあふれた外界で、環境や経験によって大きく変化していく可能性を持って生まれているともいえる。しかし、そのためには周囲の大人との関わりが非常に重要である。乳児は、外界との関係の中で知的機能を発達させていくとともに、周囲の大人との関係の中で、社会性を発達させていく。

　乳児の行動は、表1-1 に示したような原始反射によって、身体の各部に対する刺激に対して、生得的に決められている一定の反応が引き起こされるものである。この反応によって、生命を維持したり、危険を回避したりしており、たとえば、生まれたばかりの新生児が乳を飲むことができるのは吸啜反射によるものである。しかし、原始反射を出発点として、やがて自らの感覚に基づく自発的行動が生じていき、約6か月になる頃までに原始反射は消失していく。

表1-1　主な原始反射 (日本小児神経学会，2011 に基づき作成)

ルーティング (追いかけ) 反射	指や、乳首が顔に触れると口をとがらせ、顔が動き指や乳首を捉える
吸啜反射	口腔内に捉えた乳首や指を吸う
モロー反射	後頭部を少し持ち上げ、急に離すと、肘関節を伸展し、手を開き抱え込む動きをする
手掌把握反射	手掌を圧迫すると把握がみられる
足底把握反射	足底を圧迫すると足指が屈曲する
逃避反射	足底を軽く刺激すると両側の下肢を屈曲して引っ込める
足踏み (歩行) 反射	脇の下を抱え、体幹を前傾させて足底を床につけると、下肢を交互に屈曲し、歩行するように動く
非対称性緊張性頸反射	うつぶせで頭部を曲げると、顔の向いた側の手足が伸展し、反対側の手足が屈曲する

1歳になる頃には、身長約 75 cm、体重約 9 kg と、身長が 1.5 倍、体重が 3 倍に成長する。生涯の中でも著しい成長を遂げる時期である。運動機能もめざましく発達し、個人差もあるが、約 4 か月で支えられれば座ることが、約 9 か月でつかまり立ちが、1歳になる頃には 1 人歩きが可能となり、徐々に歩行は安定し、運動能力が高まっていく。

[2] 幼児期（1歳頃〜6歳）

幼児期は、3歳頃までを幼児期前期、3歳以降を幼児期後期として区分することも多い。

1歳代の時期は、運動機能、言語機能、知的機能とも、乳児期に引き続き発達していく時期と捉えられる。2〜3歳になる頃までには、歩行機能も安定し、運動や活動が活発になっていく。それに伴い、衣類の着脱、排泄など、生活の中での行為の自立（自律）性が高まっていく時期である。また、言語についても、1歳頃から単語を発するようになり（一語文）、2歳に近づくと 2 語の組み合わせを発語するようになる（二語文）。やがて、母国語の文法が獲得され、3歳頃までには文を話したり、理解したりできるようになる。また1歳半を過ぎる頃から、語彙数が飛躍的に増加し、使える単語数が急激に増加していく（語彙爆発といわれる）。

3歳頃には、食事、排泄、衣服の着脱などについて、ほぼ自立し、食事、睡眠等の生活リズムが定着する。行動面では、外界に対する知的好奇心が高まり、遊びなどで自発的行動が高まる時期と考えられる。3歳頃までは、他人が自分とは異なる感じ方・考え方をすることを理解できない自己中心性が特徴であるが、4歳頃までには、他者の心理的理解が可能になり、遊びを中心とした友達との関わり合いを通じて、道徳性や社会性を学習していくようになる。

[3] 学童期（6〜12歳）

学童期は、教育制度の中では小学生の時期に該当する。小学校低学年に当たる 6〜9 歳頃を学童期前期、小学校高学年に当たる 9〜12 歳頃を学童期後期と分けることが多い。

学童期前期は、身体的・運動的な機能はさらに発達し、活動の範囲が広

がるとともに、言語や認知能力が高まる時期である。しかし、まだ幼児期後期の特徴を残していることも多く、たとえば、自己中心性に基づく発言や行動もみられる。学校などでの生活経験の中で、集団的行動を経験し、他人を理解する能力も発達していく。集団の一員という意識を持つことで、子ども同士で役割を分担するような行動もみられるようになる。社会的規範や道徳性という点では、してよいこと、悪いことについて、善悪の判断ができるようになるが、大人が示した規範や反応に基づいて判断することが多く、教員や保護者の影響を受けやすい。

　学童期後期は、身体的成長とともに知的・社会的機能の発達が著しく、大人の思考に近づいていく時期である。それに応じて、教育においても抽象的なテーマや応用的な課題が取り上げられるようになり、たとえば、算数においても分数の概念などの抽象的な内容や文章問題のような応用問題が取り扱われるようになる。しかし、この時期の発達は個人差も大きくなっており、この段階で抽象的内容や応用問題に関する学習に困難を感じ、学業への意欲を失う子どもも多いことが指摘されている（9歳の壁といわれる）。抽象的思考の発達に伴い、他者や自己についても客観的に捉えられるようになる時期である。規範・規則の背景にある意味や意義を理解するようになり、集団的な活動に主体的に関わったり、共同作業を行ったりする。大人の示した規範だけではなく、自分たちでルールやきまりを作り、守ろうとすることもできるようになる。一方で、理想主義的に自分の価値判断に固執するような態度もみられるようになる。社会的行動としては、学級において閉鎖的な仲間集団を作るなど、自分の選好による集団を形成するようになり、集団間の争いが生じたり、所属する集団への付和雷同的な行動がみられたりする。排他的な遊び仲間（ギャングと呼ばれる）を形成する年代であることからギャング・エイジといわれているが、最近はその経験をしない子どもが増えていることが指摘されている。

[4] 青年期（12歳～20歳代以降）

　青年期は、学校制度でいえば中学校、高等学校および大学などそれ以降の学校制度へ所属する時期であり、職業に就き、社会的に自立するまでの時期と捉えられている。思春期に当たる中学生、高校生の時期を青年期前

期、それ以降の時期を青年期後期と分けることも多い。

　青年期前期は、思春期に相当し、第二次性徴がみられ、性的機能が成熟し、完成に向かっていく時期である。身体面でも急成長期を迎え、1年に10cmも身長が伸びる場合がある。知的には、首尾一貫した思考が可能となり、目に見えない抽象的な事柄について深い思索ができるようになる。社会の存在を認識し、個人と社会との関係などについても理解できるようになるが、心理的には、自意識も強まる時期であり、自意識と実態との違いに葛藤する時期でもある。社会的には、特定の仲間集団での人間関係が重視され、親や教員との関係は小さくなっていくことが多い。仲間集団は排他的であり、特有の言語を用いたり、仲間同士評価を強く意識したりする。こうした自意識、社会的関係を背景に、親や教員への反抗期を迎える。

　青年期後期の終わりは何歳なのかということについては、さまざまな議論がある。就職期を境目とする考え方もあるが、将来を見据えて職業的決意をする時期という捉え方もある。

　思春期の心身の混乱から脱して、社会の中でどのように生きていくのかという課題に取り組まざるを得ない時期であり、真剣に将来を模索し始めることが社会的に期待されている。しかし、生活空間が飛躍的に広がり、それに伴って情報も生活体験も格段に拡充するため、現代社会は目の前の楽しさを追い求める傾向が生じやすい社会的環境であることが指摘される。社会的経験の中で発達していく時期であるが、社会的な価値観や職業選択が多様化しており、青年期後期における価値観の獲得や行動の選択は難しくなっているとも考えられる。

B　発達課題

　それぞれの発達段階には、成長に応じて、社会や文化において修得が期待される態度や行動が存在している。子どもは、養育者、教員、仲間などとの関係を通して、また教育を受け、さまざまな経験をする中で求められる行動を段階的に学習していくことが期待されている。発達段階ごとに習得が期待される能力や行動を発達課題という。

　さまざまな心理学者らが発達課題を示しているが、エリクソン（Erikson, E. H.）によるものがよく知られている。エリクソンは、生涯を8つの発

表 1-2　エリクソンによる発達課題（Erikson et al., 1994 に基づき作成）

時期	発達課題（心理的課題）
乳児期	基本的信頼 vs 不信
幼児前期	自律性 vs 恥、疑惑
幼児後期	自発性 vs 罪悪感
学童期	勤勉性 vs 劣等感
青年期	同一性 vs 拡散
成年期前期	親密性 vs 孤立
成年期	世代性 vs 停滞
成人後期	統合性 vs 絶望

達段階に分け、それぞれの段階において、社会・文化的に期待される発達課題を示した（**表 1-2**）。たとえば、青年期では、「自我同一性」を獲得することが課題であるが、達成できないと自我（自分は社会的にどのような存在であるか）は「拡散」してしまう。各段階において示された課題が解決されることで、自分自身の存在について肯定的な感情が得られ、次の段階にスムーズに移行していくと考えられている。

■■コラム■■　発達と教育の関係

　発達には経験的要因が欠かせないことは、ここまで述べてきた通りである。教育は、成長に応じて、必要な経験をさせることで発達を促す役割を担っているが、レディネスへの考え方による諸理論が提案されている。

　前述のゲゼルの成熟優位説では、成熟（成長）が一定に達しないと学習は効果が薄いと考えており、それぞれの学習や教育の内容に応じたレディネスを十分に待って、教育を行うことが望ましいとしている。ゲゼルが用いた課題は成長の影響が大きい運動機能に関するものであることにも留意するべきであるが、教育的立場としては消極的であるという指摘もある。

　ブルーナー（Bruner, J.S.）は、どの発達段階の子どもでも、適切な教育方法をとれば、レディネスを形成することが可能であるという考えを示した。適切な内容・方法であれば、十分なレディネスを待たずに早期からの教育

が有効であるという考え方であり、経験的要因を重視する立場と考えられる。この考え方は広く乳幼児期からの早期教育への取り組みの理論的背景とされている。早期教育には、他の領域の発達が阻害される可能性などの批判もある。ブルーナー自身もあまりにも広範な理論の適用には懐疑的であったようである。

　ヴィゴツキー（Vygotsky, L. S.）は、教育における生得説と経験説の折衷的理論を提案している。ある発達段階で子どもが1人で解決可能なレベルが存在している。これには生得的要因の影響が強い。しかし、ここに大人が関わり助力することで、1人で解決可能なレベルよりも、より高度なレベルの問題の解決が可能となる（潜在的発達可能水準）。この2つのレベルの差を「発達の最近接領域」といい、教育の役割はこの領域に働きかけることによって、レベルを引き上げることであるとした。また、教育的な働きかけにより、助力してできるようになったレベルは、次の時点では独力で可能なレベルとなり、次の潜在的な発達可能水準を引き上げる。ヴィゴツキーの発達の最近接領域の考え方は、教育的働きかけによる発達の限界を示しつつ、発達に対する教育の重要性を強調したものといえよう。

　現在では、各理論とも提唱者が考えた範囲より、広く適用されている傾向がある。発達の領域に応じて、各理論の適合について考えることが大切であろう。

引用文献

東洋（1969）. 知的行動とその発達 桂広介・園原太郎・波多野完治・山下俊郎・依田新（監修）岡本夏木・古沢頼雄・高野清純・波多野誼余夫・藤永保（編）児童心理学講座4――認識と思考 金子書房, pp. 3-22.

Chomsky, N. (1986). *Knowledge of Language,* Praeger.

Erikson, E. H., Erikson, J. M., & Kivnick, H. Q. (1994). *Vital Involvement in Old Age,* W. W. Norton & Company.

日本小児神経学会（2011）. 小児神経学的検査チャートの手引き 日本小児神経学会

岡田敬藏（1954）. 遺傳と環境 井村恒郎・懸田克躬・島崎敏樹・村上仁（責任編集）異常心理學講座：第5巻1 異常行動の基礎理論 みすず書房

Tomasello, M. (2003). *Constructing a language : A usage-based theory of language acquisition.* Cambridge : Harvard University Press.
（トマセロ, M. 辻幸夫・野村益寛・出原健一・菅井三実・鍋島弘治朗・森吉直子（訳）（2008）. ことばをつくる――言語習得の認知言語学的アプローチ 慶應義塾大学出版会）

考えてみよう

・・・・・・・・・・・・・・・・・・・・・・・・・・・・・・・・・・

(1) 成人した後の変化も「発達」と呼ぶようになったのはなぜか考えてみよう。

(2) 生得的要因と経験的要因の両方が発達に影響を与えていると考える説には、どのような考え方が含まれているか説明してみよう。

(3) 一般的な発達段階の年齢区分と特徴について、書き出してみよう。

(4) 発達の最近接領域とはどのような考え方であるか、まとめてみよう。

第2章 知性・認知の発達

本章のポイント

　子どもの認知や言語は、子どもと社会をつなぐチャネルの役割を果たしており、子どもから発信された情報を受け止め、子どもの経験世界を大人が知ることを可能にすると同時に、大人が子どもに何かを伝える際にもそのチャネルを通して伝えることになる。その発達の特徴を知ることで、子どもとのコミュニケーションに役立てることができるだろう。

1　ピアジェの発達理論

A　認知の発達とは

　私たちは目や耳などの感覚受容器を通して、体外にある刺激を体内に取り入れている。たとえば、耳の場合、環境中にある空気の揺れを、鼓膜によって受け止め、その先にある耳小骨という骨に振動が伝わっていく。しかし物理的な振動のままでは、脳はその意味を理解することはできない。振動は、聴神経によって電気信号に変換されて、神経細胞によって脳に信号として届けられる。こうした信号はすべての感覚受容器を通して瞬時に大量の信号として脳に届き、これらの信号から、私たちは自分の周囲で起きていることを理解している。このように、外界にあるものを知覚して、それを知識体系として蓄積し、環境を理解することを認知という。

　子どもと大人の認知は同じではない。たとえば小さな子どもは、目の前で細長く伸ばした粘土を見て、粘土が増えたと思ってしまうが、大人はそのようには思わない。粘土をはじめとしてモノの量が勝手に増えることなどないことを知っているからである。

　このように目の前で同じことが起きても、認知の仕方は子どもと大人とでは異なっており、認知が年齢とともに発達していくことがわかる。それでは認知は、年齢とともにどのように変化していくのだろうか。

B　ピアジェの認知発達理論

　ピアジェ（Piaget, J.）の認知発達理論は、量的というよりも質的に子どもの認知構造が変化していくと説明した。子どもが知的好奇心を原動力にして環境に対して能動的に働きかけ、それに対して他者も含めた環境が反作用として応答する、という相互作用によって、認知の構造は変化してゆく。

　ピアジェは、操作という基本的概念を打ち出し、操作の水準によって認知発達を区分した。ピアジェによる「操作できるということ」はどのような意味だろうか。たとえば2つのりんごがあり、そこにもう1つりんごを持ってきたら、何個になるかという足し算で考えてみよう。

　実際にりんごを持ってきて、数えてみれば答えがわかるが、頭の中で考

えるだけでは答えが導けないようなときには、思考の中に「足し算」という手続き自体がまだ成立していない。「足し算」という手続きがわかっているということは、実際のりんごがなくても、思考だけで答えを導くことができることを指しており、これを内化という。さらに、内化された行為を操作というには、3個のりんごと1個のりんごの足し算と、4個のりんごから1個のりんごをとれば、もとの3個に戻る、ということの関係性がわかっている必要がある。また、4個のりんごを2個ずつに分けても1個と3個に分けても、合わせて4個であるということは変わらないことも理解している必要がある。そして、こうした「足し算」という手続きは、「かけ算」などの手続きと無関係にあるのではなく、両者とも論理的に整合性を持っているという意味で1つのシステムをなしていることが理解されるとき、「操作できる」と呼ぶことができる。このような操作ができるようになるまでの発達は4つに分類されている。

C　子どもの認知発達とその特徴
[1] 感覚 - 運動期

　誕生から2歳頃までを感覚 - 運動期という。赤ちゃんは、生まれもって原始反射と呼ばれる、自動的な運動のしくみを持って生まれてくる。この運動は、赤ちゃんの意志ではなく、不随意に生じる動きだが、赤ちゃんにとっては、それによって偶然にも環境に働きかける経験になる。このような反射をきっかけとして、そこから複雑な行動様式を身につけるとともに、赤ちゃんは自分から対象に働きかけて、その対象に対する働きかけとその結果の関係を学んでいく。

　生後8か月を過ぎる頃、それまで偶然にまかされていたものが、徐々に赤ちゃんが意志をもって対象に働きかけるように変化してくる。やがて、目的が達成できないときには、別の方法で働きかけるなどの工夫がみられるようになり、2歳に近づくと心の中でその働きかけとその結果について思いを巡らして、どうしたらよいのかを考え、ごく短期間のものではあるが先を見通すことが徐々にできるようになる。逆にいえば、赤ちゃんは先を見通す力は最初はなく、その場その時のみを生きており、2歳になるまでに思考の萌芽が見られるようになるのである。

[2] 前操作期

　2歳から7歳頃までは前操作期に当たる。2歳頃、子どもは言葉を話し始める。たとえば「りんご」という言葉は、そこにりんごがなくても、頭の中で「りんご」を思い浮かべて、それらのイメージ全体を代表させて「りんご」という言葉に置き換えられたものである。このように子どもの心の中で、目の前にないものでもそのイメージを思い浮かべる表象ができ、表象を別のもので代わりにあらわす象徴機能が獲得されていることが前操作期の特徴である。

　具体的には、積み木を電車に見立てて遊ぶ子どもを想像してみよう。積み木はあくまで積み木だが、その子どもは「電車」というイメージのまとまりである表象を心の中に持っており、本当は電車ではないとわかっているが、電車の代わりに積み木を使って遊んでいるので、象徴機能を持っているということになる。これは象徴遊びや見立て遊びといわれる。

　昨日テレビで見た芸能人のマネをすることができるのは、そのテレビが映っていなくても子どもが芸能人の様子を心の中に思い浮かべて、それと同じような行動をとることができるようになっていることを意味しており、遅延模倣と呼ばれている。この遅延模倣は、象徴機能のあらわれである。

　このようにイメージを持つ、という点では前操作期は感覚-運動期よりも思考ができるようになったといえる一方で、その思考には大人のような柔軟性や論理性はまだない。図2-1の上段の丸と下段の丸について、この時期の子どもに「どっちが多い？」と問うと、上段の方が多いと捉えてしまうこともある。それはこの時期には、イメージが少しずつ概念に変化しはじめ、それまでよりも操作可能なものになっていくものの、まだ見た目に影響されて理解してしまう直観的思考が優勢だからである。5つの丸はどのように配置されても、5つであるということは変わらないのだが、見

図2-1　どちらが多い？

た目の幅が広く配置されていることに引きずられて、上段の方が多いと判断してしまうのである。

　幼児は、電話で話をしている最中に、自分が書いた絵を持って、「これがママで、これがパパなの。上手？」と自分の書いた絵の説明を顔の見えない相手に話すことがある。電話の先にいる話し相手には、当然その絵は見えていないのだが、前操作期では相手の視点で物事を考えることは難しく、自分が把握していることは他の人も把握していると思っている。これは自己中心性という前操作期の子どもの特徴であり、自分と他人の区別が不十分というだけではなく、主観と客観、空想と現実の区別も不十分である。自己中心性とは、「わがまま」とは異なり、環境の把握の様式が自己視点で、他者視点をとることが難しい認知様式のことを指している。生物以外のものも生きており、意思や感情があると考えるアニミズムや、自分が頭の中で考えたことや夢が実際に存在すると考える実在論も、前操作期に見られる認知の特徴であり、いずれも自己中心性が反映されたものである。

　自己中心性に関してピアジェは、「3つの山課題」という実験を行い、4歳から7歳くらいまでの前操作期後半の子どもたちは、どの方向から見ても、自分と同じように山が3つ見えると答えてしまうことを明らかにした（図2-2）。このように自己中心性は、子どもの認知や思考が、大人と同じように他者とコミュニケーションするような役割を担うまでにはまだ充分に発達していないことを示している。

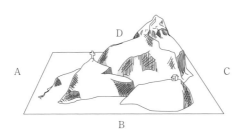

図2-2　3つの山課題

[3] 具体的操作期

　7歳頃から11歳までの、主に小学生は具体的操作期に当たる。

　実際に存在するものを用いた場合には、論理的な考え方ができるように
なる。小学校での学習のためには、少なくともこのような具体的操作がで
きるようになっている必要がある。

　「ニワトリと、動物とではどちらが多いと思う？」と問うと、前操作期の
子どもでは「数えてみないとわからない」などと答えるが、小学生になる
と数えなくても「動物」が多いとわかるようになる。それは、ニワトリは
鳥の仲間、鳥は動物の仲間、という階層構造が理解できているからである。

　また前操作期には、モノの見た目に影響を受けてしまうため、細長いコ
ップと平らなコップに、それぞれジュースを目の前で測って同じ量を注い
であげても、水面の高さが高いコップのジュースが多いと判断してしまう
（図2-3）。これは量の保存が未成立のためだが、このような保存は、具体
的操作期になると成立する。量の保存はもちろん、長さの保存、数の保存
などが成立して、算数が意味を持つようになり、知覚よりも論理で考える
ことが増えてくる。

　しかしこの論理的な思考も、具体的操作期ではまだ限界がある。たとえ
ば、分数の場合は「ケーキを3人の子どもに分ける」、という具体的な説明
が可能であり、具体的操作期の児童はこの説明で理解ができる。しかし、
－（－1）が＋1になったり、（－1）×（－1）が1になることは具体的なも
ので説明することができないために、具体的操作期では十分には理解でき
ない。あくまで現実にあるものや生活の中での経験に基づいたものである
場合にのみ論理的思考が可能となる。

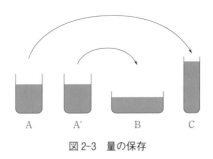

図2-3　量の保存

[4] 形式的操作期

　ピアジェは、思考の完成形として形式的操作期を位置づけ、おおむね 11、12 歳から 14、15 歳をこの時期だとした。

　形式的操作期になると、具体的なもので表せない事柄でも、仮説演繹的思考を用いて理解することができるようになる。つまり経験の中からそれらの経験をうまく説明できそうな仮説を見出し、その仮説が正しいとすれば、別の事例ではどんなことが起こるのかを推論できるようになる。そのため、異なる複数の命題の関係性を考えることができる（命題論理）。

　たとえば「太郎は花子よりも背が高い」「太郎は次郎よりも背が低い」という 2 つの命題があり、「では、最も背が高いのは誰か」と問われたときに、どのように回答を導くだろうか。具体的操作期の子どもでは、分類を行ってその関係だけを捉えているのに対して、形式的操作期の子どもでは、言語や仮説を使って、頭の中で「低い−高い」の 1 つの次元上に、3 人を相互に入れ替えながら、すべての命題が成り立つような結論を導いていることがわかる（図 2-4）。つまり、関係の関係を扱うことができているのである。

　さらにこのような形式を用いた推論が、自分の経験の中で確かめること

具体的操作期の
子どもの説明

「太郎と花子は背が高く、太郎と次郎は背が低い」
「だから花子は一番背が高く、
　次郎は一番背が低く、太郎はその中間だ」

命題 1
太郎は花子よりも背が高い

命題 2
太郎は次郎よりも背が低い

低い　　　　　　高い

「花子＜太郎、かつ太郎＜次郎ならば、
　次郎がもっとも背が高い」

形式的操作期の
子どもの説明

図 2-4　命題論理

ができなくても、その推論の正誤を理解するようになる（形式的推論）。

D ピアジェの認知発達理論への批判

　ピアジェの認知発達理論が、心理学や教育学に与えた影響は計り知れない。しかしその後に多くの研究者が追試を行い、いくつかの点で修正が必要だと考えられている。

[1] 馴化‒脱馴化法による乳児の能力の見直し

　従来用いられてきた選好注視法は、刺激を見つめる時間（注視時間）から、乳児の好みや興味を把握する実験方法である。この方法では、仮に2つの刺激を異なるものとして認知的に区別できていたとしても、どちらの刺激も同程度に乳児にとって好ましいものの場合には、注視時間に違いが見られない可能性がある。そのため、乳児の好みを把握するための方法としては適しているが、乳児の認知や記憶を、乳児の好みと切り離して把握するための方法としては問題が残る。そこで考案された馴化‒脱馴化法では、以下のような手続きが用いられる。

　ある刺激が提示されると、乳児は新奇性からその刺激に注意を向け、長く見つめる。しかしその刺激が繰り返し提示され続けると、やがて刺激に慣れてしまい（馴化）、注視しなくなる。そこで第2の刺激を提示したときに、乳児が再度注視するようになれば（脱馴化）、それは乳児が第1の刺激と第2の刺激を区別していることを示しており、逆に2つの刺激の区別がついていないならば注視しないままとなるはずである。

　このような実験手続きによって、乳児にはピアジェが考えていたよりかなり高い能力があることがわかってきた。

　対象の永続性とは、モノは、それが見えなくなったとしてもそこに存在し続けることを指し、ピアジェはこうした認識は生後9か月以降にできるようになると説明したが、他の研究者が馴化‒脱馴化の手続きを用いて実験を行うと、3か月児でも対象の永続性が成立していることが示された。

[2] 領域一般性と領域固有性

　ピアジェは、形式的操作期になると、命題論理や比例の考え方がほぼ同

時期にわかるようになると主張した。このように、ピアジェの理論では、ある認知様式が獲得されると、それはどのような文脈や領域でも適用されると説明されている（領域一般性）。しかしその後の研究で、前後の文脈や領域によって、認知様式が一様ではないことが示され、領域固有性を主張するに至った。数の保存では、子どもに身近なストーリー性を持たせた課題で行うと、前操作期の子どもでも保存が確認されることや、形式的操作期の中学生や大学生でも、比例概念は課題によって判断が正確ではなくなる場合が相当あることが示されている。

[3]「3つの山課題」の課題

　ピアジェの考案した「3つの山課題」は、他者の視点を持つことが可能かどうか、という点で考案され、それはその後、視点取得と概念化されたが、「3つの山課題」には、メンタル・シミュレーション（自分が相手の場所に行ったと仮定して自分の表象を操作すること）やメンタル・ローテーション（状況全体を自分の方に向けて対象の表象を操作すること）も含まれた課題となっているため、子どもがどのようにして課題解決しているのかを判別することができない（子安, 2005）。

　このように、相手の視点や意図を理解する研究分野は、その後「心の理論」や共感性の研究に発展し、理論の精緻化が行われる中で、課題の不十分さが指摘されるようになっている。

2　言語発達

A　言語機能の発達

　言語の機能には、伝達機能、思考機能、行動調節機能があるが、ここでは、これらの言語機能の発達をみてゆく。

　子どもは、およそ1歳から1歳半頃に、意味を持った言葉を発するようになるが、言葉を発する以前から言葉の獲得に向けた準備が行われている。言葉が発される前の時期を前言語期といい、主に伝達機能、すなわちコミ

ュニケーションのツールとしての言語機能の獲得に向けた準備が行われる。

[1] 前言語期（誕生から生後15か月頃まで）のコミュニケーション

　新生児期は、生得的に人の顔や音声に反応し、相手の動作を模倣するが、新生児から周囲に向けたこのような働きかけは、逆に周囲からの乳児に向けた働きかけを引き出し、これがコミュニケーションの原型となる。生後2、3か月は、うれしい、悲しいといった情動のやり取りを周囲の大人と行う時期であり、これは原会話といわれる。生後3、4か月になると、乳児はリラックスしたときに、のどの奥からクーイングという音声を出す。さらに生後半年が過ぎると、はっきりとした意味を持たないものの、何らかの意図を伝えようとする音声を発する（喃語）。

　生後8か月から1歳までに、子どもは大人の注意を理解して、相手が注目している対象を目で追うようになる（追随凝視）。大人と子どもが同じ対象に注意を向けて、そして互いに注意を向けているということを理解している状態を共同注意といい、追随凝視もこの共同注意が成立することによって行われる行動である。共同注意は、ある対象について、その大人が何を感じ、考えているのかを子どもが理解していることを示しており、他者とのコミュニケーションやそれを可能にする言語の発達、また情動の共有や理解の発達に大きな意味を持つ発達上の出来事として位置づけられている。

　やがて乳児は特定の大人に限られていたコミュニケーションの対象を、それ以外の他者にも広げてゆく。共同注意が成立すると、子どもは見慣れない他者や状況を前にしたときに、養育者の表情から、養育者が見慣れない他者や状況に対してどのような情動を経験しているのかを読みとる。そして、それをもとに自分の態度や行動を決めるようになることから、これは社会的参照と呼ばれている。社会的参照によって、子どもは社会的関係の中でのコミュニケーションを発達させるのである。

　このようなコミュニケーションの発達の結果が、言葉という形で表出される1歳から生後15か月では、共同注意を基礎に、指さしをして要求を表現したり、大人の注意を指さしの方向に向けたりし、喃語が一語文（例「ママ」）に徐々に変化する。この一語文は、1つの単語ではあるものの、文脈

に応じて要求を表したり、疑問を表したり、文としての意味を持っている。

[2]　思考のツールとしての言語の使用——内言と外言

　1歳後半から2歳にかけて、それまで数語から50語程度だった語彙は、急速に増加して語彙爆発が起き、2歳までに300前後の語彙を使えるようになる。そして、二語文（例「ママ、取って」など）に発達し、2歳から2歳半では複数の言葉を羅列的につなげて話すようになる。

　その後の4、5歳頃までの幼児の言語発達についてピアジェは、他者に対して何かを伝えたりコミュニケーションしたりすることを意図しない独り言を、幼児が集団遊びの中でも行っている様子に気づき、これを自己中心的言語と名付けた。その理由をピアジェは、他者の視点をとることができない幼児ゆえに、言語を自分に向けて発信したものが自己中心的言語であり、その後、脱中心化とともに社会化が行われてゆく過程で言語が発達すると説明した。これに対して、ヴィゴツキー（Vygotsky, L. S.）は、むしろ先にコミュニケーションとしての言語（外言）が獲得され、徐々に自分自身の中での思考のために用いられる（内言）ように変化していくと主張して実験を繰り返した。現在では、前言語期の様相にも見られるように、伝達機能としての言語発達が先にあり、そこから思考のツールとしての言語発達が行われると考えられている。

[3]　行動制御のツールとしての言語の使用

　神経心理学者のルリヤ（Luria, 1961）は、行動の制御について研究を行った。行動制御とは、たとえば、「赤ランプが点滅したら、ボタンを押して、青ランプが点滅したら押さない」という課題を通して、自分の行動の制御が可能かどうかを確認することができる。実行機能と関連の深い大脳の前頭前野に障害が生じると、こうした制御機能が低下することがわかっている。

　この課題を幼児に行わせると、3歳児ではルールにかまわずボタンを押すので、ほとんど自分の行動を制御できない。4歳児でもかなりの押し間違いが生じる。そこで、子どもに対して「赤ランプがついたら、『押せ』、青ランプがついたら『押すな』と言って、やってみて」というと、3歳児で

は、その教示自体にもうまく従うことができないが、4歳台の前半の幼児でははっきりと成功率が高くなることが示された。しかし4歳台後半から5歳の子どもでは、かえって成功率が下がってしまうこともわかった。つまり、4歳前半の時期は、外言から内言が分かれている最中であり、実際に声に出させることで内言を誘導すると、行動が制御されたということになる。内言がはっきり形成されると、むしろ発声することが課題の遂行に妨害的に働いてしまうのである。行動制御のツールとしての言語は、やはり内言の発達に依存していることがわかる。また、4歳台では言葉の意味的側面ではなく、音韻的側面によって行動が制御されている。つまり4歳台では、2回押すためには、2回のリズムを持った言葉を声に出すことが重要なのであって、それは「押せ、押せ」でも「いち、に」でもよいが、「ふたつ」のように、4歳台では、音韻が1つのものはいくら2回という意味を持った言葉でも行動制御には役立たないのである。

　言葉の行動制御機能は、発達に伴って、他者の言葉によって行動を制御する他律段階から、自分の言葉によって行動を制御する自律段階への変化と、言葉の音韻的側面から意味的側面が機能するようになる変化の2つの変化が生じるのである。

B　言語獲得理論

　言語は、人が誕生後豊富に言語に接することで学習されて獲得される（学習論）ものなのか、それとも生まれ持って言語を獲得する素地がある（生得論）と考えるべきなのだろうか。あるいは、学習論や生得論のようにいわば受け身的で自動的に人は言語を獲得するのではなく、むしろ他者や社会との関わりの中で人が思考し意図する能動的な営みが、言語の獲得に関係している（社会認知論）のだろうか。このような問いに対し、いくつかの言語獲得の理論が生み出されてきた。

[1] 学習論的アプローチ

　言語獲得理論において最初に注目されたのは、スキナー（Skinner, B. F.）の理論であった。スキナーは言語が基本的にはオペラント条件づけに基づいて、連合が成立することによって獲得されると考えた。スキナーの考えで

は、言語も行動の一種であるため、言語獲得は、①発話と、②その発話に先行する状況やできごと、③発話がもたらす結果、の三項随伴性で理解される学習プロセスによるものと考えられる。そして、随伴性のタイプから、言語発達の初期には、要求言語行動であるマンド、叙述言語行動であるタクト、また模倣言語行動であるエコイックなどがあることを示した。またのちにスキナーは、文法についても、子どもは大人の言語を観察して模倣することで獲得してゆくと主張した。

[2] 生得論的アプローチ

　一方、チョムスキー（Chomsky, N.）は、文法は誕生後に経験によって学習されるものではなく、人は文法を理解するシステムを生得的に持っていると考え、このシステムが英語や日本語などの言語体系に依存しないシステムであることから、普遍文法（UG：Universal Grammar）と呼んだ。

　大人の発話は、文法の点からはかなり難点が多い、荒っぽい言語である。日常会話では文法に完全にのっとった文章だけが話されるわけではない（刺激の貧困）。にもかかわらず子どもは、そこから正しい文法を読み取って、その文法に基づいて言語を使いこなせるようになる（プラトン問題）。このことは、言語の使用や文法が学習のみで獲得されるという学習論では十分に説明されない。つまり子どもの言語は、単に大人の発話からの連合学習によって獲得されるのではなく、子どもが大人の言語使用の様子から、積極的に法則性を見出し、その法則を用いて言語を運用しているのである。

　チョムスキーは、これらの理由から、言語獲得は生物学的な過程が規則的に生じて（成熟）行われるものであり、経験はあくまでそれらを刺激するトリガーにすぎないと説明した。普遍言語は、日本語や英語、中国語といった個別言語の特徴を最初は持っていない、いわば初期値が規定されていないプログラムであり、日本語環境に置かれることによって、その個別言語ごとの初期値が規定されて、安定した状態に変化することこそ言語獲得だと考えたのである。

　ピンカー（Pinker, S）も、言語の生得性に基礎をおいて、言語は人間という種に固有の、高度に進化を遂げた生得的な心的器官であると主張した。ピンカーによれば、言語は進化の結果、人間固有の能力であり、人間であ

れば誰でも、たとえ言語以外の能力が低くても、他者から特別に教えられることなく言語を獲得できるという。ピンカーはウィリアムズ症候群のように知能と比べて言語だけが優れた能力を持つ障害があることや、異なる言語を話す集団の第1世代では明確な文法を持たない、言語とは言えないやりとりが行われるが、第2世代では文法を持った新しい言語が出現すること、などを例にしてその妥当性を主張している。

[3] 社会認知論的アプローチ

　ピアジェの自己中心的言語に異論を唱えたヴィゴツキーは、子どもの発達における社会や文化の影響を重視し、言語では内言よりも先に外言が発達するとした。ヴィゴツキーは、言語や思考、記憶等の発達が大人からの働きかけや支援、文化的産物の使用などを通して行われるものであるとして、社会とのコミュニケーションによって言語が生まれると考えた。このような言語獲得の考え方は、保育や教育、発達支援の現場に大きな影響を与え、発達の最近接領域を構築するに至った。またブルーナ（Bruner, J.S.）は、社会的相互作用の重要性を主張して、言語獲得援助システムが人に備わっており、養育者の適切な働きかけが言語獲得を促進すると考えた。

　一方、トマセロ（Tomasello, 1999）は、共同注意、模倣の能力などの人の言語発達にそれまでも重要だと考えられてきた諸概念を包摂した、語用論からの言語獲得の理論を展開し、コミュニケーションを目的に言語が発達すると主張した。生後9か月頃になると、共同注意はより複雑になり、単に他者と同じ対象に注意を向けるだけにとどまらず、その他者が対象に対して何を感じ、考えているのかを理解するようになる。そのためこの頃には、たとえばお菓子の袋を開けてほしい、という意図をもって、乳児がお菓子の袋を親に手渡すという行為が観察されるようになる。このとき、乳児は、自分と他者（親）、モノ（お菓子の袋）の3つの関係性（三項関係）を理解していると考えられるが、トマセロは、乳児が持つ、「自分の経験や興味を他者と共有したい」という強い意図が、これらの現象を成立させ、それがやがて言語の発達につながると説明している。一語文は、「車」と言いながら、実際には「ねぇ、車を見て」という意味であることが多い。つまり乳児は、他者の注意を、自分が注意を向けている「車」という対象に向けてほしい

という意図をもって発話しているのであり、その際に「指さし」も併用される。指さしは、二語文を話すことができるようになる頃には減少してゆくが、これも自分の意図を言語で伝えることが可能になり指さしが必要なくなったためだと考えられる。さらに言語発達が進むと、現在目の前にない対象についても、他者と共同注意が可能になり、そのイメージを共有して他者と豊かなコミュニケーションが達成されてゆく。

C　言語発達と教育

　言語は思考やコミュニケーションと深く関わりがあることから、言語の発達に障害が生じると、社会生活でも影響が大きく、教育場面でも配慮が必要である。

　学童期には、学校での教科学習が言語を通して行われるようになるため、言語を思考のツールとして使いこなす必要がある。また多様な人間関係や他者とのコミュニケーションを通して、社会化する時期である学童期には、言語の伝達機能も重要である。

　言語を使いこなすにあたっては、読む、書く、話す、聞く、という言語モダリティのいずれかに発達の偏りがあると、その結果として教科学習に遅れが生じる恐れがある。書字障害などの学習障害（LD）のある児童はもちろんのこと、学童期には発達のスピードにも個人差があり、特に小学校低学年では、言語発達も個人差が大きい。そのため、たとえば聞くことが苦手な児童には見たり、読んだりできる資料を用意するなどして、教科学習への影響を最小限にする工夫が必要である。

　また言語使用において語用論的な誤りが生じやすい、アスペルガー症候群をはじめとした自閉スペクトラム症やその傾向を持つ児童では、他者の意図を理解することが難しく、それにより人間関係をうまく構築できない場合がある。この場合、「相手の気持ちを理解しましょう」という指導は、言語やその障害特性を考えれば意味を持たない。そもそも他者の意図や心の理解を深めるためには、1人ひとりが異なる心の状態を持っているということを前提として、言語に障害や偏りのある児童に限らず、それ以外の児童も、互いにわかり合う努力をすること以上に、適切に自分の意図や考えを伝え合うことの重要性を教えてゆくことも有効だろう。

引用文献

子安増生（2005）．　視線/視点——目は心の窓　子安増生（編）　よくわかる認知発達と
　その支援　ミネルヴァ書房.

Luria, A. R.（1961）．　*The role of speech in the regulation of normal and abnormal
　behavior.* New York : Liveright Publishing Corporation.
　（ルリヤ，A.　天野清（訳）（1980）．　ルリヤ現代の心理学　文一総合出版）

Piajet, J.（1970）．　Piaget's Theory. In Mussen, P. H.（Ed.）, *Carmicael's Manual of Child
　Psychology,* Vol. 1. New York : John Wiley & Sons.
　（ピアジェ，J.　中垣啓（訳）（2007）．ピアジェに学ぶ認知発達の科学——Piaget's
　theory　北大路書房）

Raddy, Y.（1999）．　Prelinguistic Communication. In Barrett, M.（Ed.）, *The Development
　of language.* New York : Psychology Press.

Tomasello, M.（1999）．　*The Cultural Origins of Human Cognition.* Cambridge :
　University Harvard Press.
　（トマセロ，M.　大堀壽夫・中澤恒子・西村義樹・本多啓（訳）（2006）．　心とこと
　ばの起源を探る——文化と認知　勁草書房）

考えてみよう

・・・・・・・・・・・・・・・・・・・・・・・・・・・・・

(1) ピアジェの認知発達理論をもとにすると、小学 4 年生の児童に教えて
理解できる課題、理解できない課題はどのようなものか考えてみよう。

(2) 認知や言語の特徴や機能から、コミュニケーションの目的とは何だと
考えられるだろうか。また、教員と子どもの良好なコミュニケーショ
ンとはどのようなものだろうか。

第3章 社会性の発達

本章のポイント

　乳児は、最初に養育者との関係を築き、その後心身の発達に伴って行動範囲を広げていくたびに、それまで経験できなかった新しい社会関係も広げていく。このような社会関係の発達は、生後まもなく始まる生得的な発達プログラムによるものである。生後、人との関わりを必要不可欠なものとするために、人間はあえて未熟な状態で生まれてくると言われている。それだけ、社会性は人間にとって重要である。子どもは、社会の中でどのように他者の心を理解し、それに配慮して他者と円滑に関係を作ることができるようになるのだろうか。

　本章では、生後間もない乳児と養育者のやり取りから、共感性や道徳性、向社会的行動の発達的変化をみていく。

1 社会性の基礎的発達

A 社会性とは

　人が社会生活を円滑に送るためには、自分の思い通りにならないときでも社会のルールに合わせて振る舞ったり、他者の気持ちを踏まえて相手が傷つかないように気を配ったりすることが必要になる。また周囲の人と協力したり、自分が多少の犠牲を払ってでも他者を助けたりもする。このような社会性は、出生直後から発達しはじめ、その後身体や知能の発達と相互に影響しあいながら発達を続けてゆく。

　ポルトマン（Portmann, A.）が、人は生理的早産であると指摘したように、生物学的にはきわめて未熟な状態で生まれてくる人間は、それゆえに他の哺乳類と比べて柔軟な学習や適応が可能になるとも考えられている。それは、新生児が未熟さという危険と引き換えにしてでも、他者との関わりを手に入れる必要があるということでもある。

B 社会性の初期発達

　社会性の萌芽は、人の発達のごく早期から観察される。誕生直後から、人の声や顔に特異的な関心を示す。生後3か月には、相手を選ばず無差別にほほ笑む社会的微笑が見られるが、これに対して周囲の大人は「かわいい」と反応し、声をかけたり、あやしたりする。つまり乳児は、単に他者に興味を示すだけではなく、他者から興味を引き出すような生得的な反応をもっていると考えられる。身近な養育者との間で、こうしたやり取りが繰り返され、相互に言語・非言語のコミュニケーションを行うが、これを原会話といい、社会性の萌芽と考えられている。

　生後8か月を過ぎる頃になると、子どもが見慣れない対象に出会ったときに、その対象を同時に見ている大人の様子を見ることで、対象についての情報を得て、自分の行動や感情を決めてゆくようになる。これは社会的参照といい、大人の心の状態を理解することができることを裏付ける現象である。このような社会的参照に先駆けて、子どもは大人が何かを見ているとその視線の先を見る、という共同注意という現象がみられる。共同注

意は生後9か月から1歳頃にはより複雑なものとなり、子どもは意図をもって積極的に他者に働きかけ、他者と注意を共有しようとする。言葉はまだ話せないにもかかわらず、指さしをして自分の興味を他者と共有しようとしたり、自分ではビンの蓋を開けることができないときに「蓋を開けて」と言わんばかりに、ビンを大人に手渡したりする。このように、自分と他者、対象との三項関係が理解されてくると、やがて初語として言葉が出てくるようになる。

このように言語獲得以前から、子どもは自分の意図を発達させながら、社会性の欲求を高め、自分の意図を他者に伝えるために、言語を用いるようになる。

2　愛着の発達

A　社会性発達の生得的要因

赤ちゃんは、周囲の大人に「かわいい」と思わせるしかけを持って生まれてくる。一般に新生児は、おでこが広く、目が大人よりも顔の下部に位置し、体も丸みを帯びている、という形態的な特徴を持つ。周囲の大人はこのような「赤ちゃんらしさ」をかわいいと思う傾向を持っており、そのかわいさに反応して笑顔で話しかける行動をとる。また新生児も生得的に、人の顔に見えるものに興味を示すことがわかっている。つまり、子どもも周囲の大人の表情に関心を寄せ、大人も子どもをかわいいと思うような、生得的プログラムが備わっており、このことが、子どもの周囲との社会的相互関係の成立を支えている。社会性というと、社会との関わりのみで形成されるように思うかもしれないが、社会性の発達の基礎には、発達を促す生得的要因があるということである。

B　愛着理論

子どもと周囲との社会的関わりの中でも、子どもが養育者との間に作る特別な情緒的結び付きには、多くの関心が寄せられてきた。

図3-1　ハーロウの代理母実験（Harlow, 1959）

　ハーロウ（Harlow, H. F.）は、生まれたばかりの子ザルを親ザルから離し、図3-1のような疑似的な代理母ザルの模型2つ（布製ザルと針金ザル）をゲージに取りつけた。針金ザルは顔らしいものもなく、針金の胴体にはミルクが飲めるように哺乳瓶がセッティングされている。一方の布製ザルは、より顔らしいものがあり、針金の胴体には毛布がまかれているが、哺乳瓶はセットされていない。ハーロウは、この子ザルがどちらの代理母ザルと長く一緒に過ごすのかを観察した。その結果、子ザルは多くの時間を布製ザルにくっついて過ごし、特に子ザルを驚かせて恐怖を与えたときには、布製ザルにしがみついた。この結果は、子ザルが、生命の維持を目的として食物を摂取することと同時に、安心や安全を代理母ザルに求めていることを示し、特に恐怖に陥ったときには、代理母ザルに対する安心の希求は、食物を得ることよりも優先されることを示している。

　このハーロウの実験は、ボウルビィ（Bowlby, J.）の愛着理論がもとになって行われたものである。ボウルビィは、子どもが恐怖に対抗するために、養育者との間に形成する、他にはない特別な安心感や信頼感のことを愛着（attachment）と呼んだ。生後3か月くらい経つと、誰に対しても微笑みかける行動が乳児にみられるようになるが、やがて養育者などの日常的に関わってくれる人に対象が絞られてくる。そして生後半年近くになると、愛着を向ける対象と見知らぬ人とがはっきりと区別されて、人見知りをするようになる。同時に、乳児の身体能力は向上してハイハイができるようになるため、子どもは意志をもって能動的に動き回って探索行動を始め、行動範囲を広げていく。このとき、見知らぬ対象に遭遇して不安になると安

全基地である愛着対象のもとに接近し、安心できるとまた探索行動に戻る
ことを繰り返すのである。つまり愛着対象を安全基地として探索行動を繰
り返しながら、活動範囲を広げていく。

　やがて2歳半から3歳頃には、認知的発達によって愛着対象は具体的に
目の前にいなくても、イメージや表象として内在化し、自分に安心感を与
えてくれる機能を果たすようになる。そのため養育者がある程度の時間不
在でも、落ち着いて過ごすことができる。このように、不安や危機を経験
したときに助けてくれ、安心を与えてくれるという愛着対象への確信は、
内的作業モデルと呼ばれており、自分が愛着対象から愛され、受け入れら
れ、認められているという感覚とも強く関係している。内的作業モデルは
5歳頃までにおおむね形成され、その後の人生において、比較的安定した、
対人関係のあり方の基本パターンになると考えられている。

C　愛着スタイルとストレンジ・シチュエーション法

　前節でみた通り、人生の初期にどのように愛着が形成されたかが内的作
業モデルの形成に関わり、生涯にわたって大きな影響力を持つと考えられ
ている。そこで生後9か月から1歳半程度の幼児を対象にして、どのよう
な愛着が形成されているのかを確認するための手続きとして、ストレン
ジ・シチュエーション法がある（図3-2）。一定の手続きのもとで、子ども
が養育者との分離場面で泣いたり、不安定な様子を示したりするかどうか、
養育者との再会場面である程度密着したら比較的すぐに落ち着きを取り戻
すかどうか、養育者を安全基地として探索行動ができるかどうか、などを
観察することによって4つの愛着スタイルに分類する（表3-1）。

　これらの愛着研究からは、愛着の形成の仕方が子どもの社会性の発達に
重要な役割を果たすことがわかるが、注意すべきこともある。1つは、子
どもの安定した愛着の形成には、継続して子どもの養育に当たってくれる
ごく少人数の大人の存在が必要なのであり、それは必ずしも母親に限った
ものではないという点である。

　ボウルビィは、長期に渡って施設に暮らすことによって生じる心身の発
達の遅れや、異常を呈した子どもたちの精神衛生に関する研究を行った。
そして施設や乳児院などで育つ子どもたちが、充分に愛着を形成できない

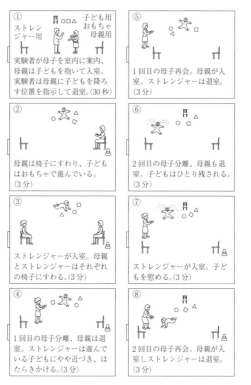

図3-2　ストレンジ・シチュエーション法（繁多，1987，p.79）

表3-1　4つの愛着のタイプ（数井・遠藤編，2005，p.53を改変）

愛着のタイプ	ストレンジ・シチュエーション法における行動の特徴
回避型	分離しても泣いたり混乱したりしない。再会しても養育者を無視または避けようとする。抱っこされても自分からは抱き着かない。養育者と関わりなく行動することが多い。
安定型	分離すると多少泣いたり混乱したりする。再会すると養育者との身体的な触れ合いを積極的に求めて、すぐに落ち着く。養育者を安全基地として積極的に探索行動を行う。
アンビバレント型	分離時に非常に強い不安や混乱を示す。再会時には、積極的に身体的接触を求める一方で、たたくなどの怒りを表す。行動が不安定で、用心深く、安心して探索行動をすることができない。
無秩序・無方向型	何がしたいのか、どこへ行きたいのかがわかりにくい。養育者に近づいてもすぐに倒れこんだり、顔を背けたりしている。不自然な動作、タイミングの不適切な行動や表情など。

環境が心身の発達に影響を及ぼすことをホスピタリズムと呼んで、その原因は母親が不在であるために（マターナル・ディプリベーション：母性はく奪）愛着を形成できないことによるものだと説明した。ここでいうところの母性とは、必ずしも母親それ自体を指すのではなく、養育や世話を行う存在を指しているのであって、その機能を担う人物は具体的には父親や保育士などでもよい。

　もう1つの注意すべき点は、内的作業モデルの変容の可能性についてである。確かに内的作業モデルは成人になっても影響力を持つと考えられているが、しかし不安定な愛着スタイルを持ってきた人が、成人してからそれまでに経験しえなかった安定した人間関係のあり方を経験することによって、安定した愛着スタイルに変わっていくこともある。その反対に信頼していた人物に裏切られるなどの経験によって不安定な愛着スタイルになってしまうこともある。つまり愛着スタイルは不変なものではなく、変容する可能性を持ったものでもある。

3　道徳性の発達

　道徳性とは、ものごとの善悪に対する判断の基礎となる、個人に内面化された原理を指している。道徳性は一定の段階をもって発達していくと考えられており、道徳性を発達させる教育という点においても、教育者にとって必要な知識である。

A　コールバーグの道徳化の認知発達理論

　コールバーグ（Kohlberg, L.）は、道徳判断の発達には段階があり、その次の段階への移行を促すことが道徳教育であると定義した。彼は、道徳判断の研究を進めるために、モラル・ジレンマと呼ばれる**資料3-1**のような物語を示した。研究協力者には、物語の主人公はどうすべきか、なぜそう思うのかについての説明を求め、その説明から、研究協力者の道徳判断の発達段階を明らかにしようとしたのである。そして、最も高次の道徳判断で

ヨーロッパのある国で、ある女性が特別な種類のがんにかかって死にそうになっています。医者によれば、この人を救うことができる薬が1つだけあります。その薬は、同じ町に住んでいる薬剤師が最近発見したラジウムの一種です。その薬を作るのにはお金がかかるけれども、その薬を製造するための費用の10倍の値段を薬剤師はつけています。つまり、薬剤師はそのラジウムには200ドル使い、わずか1回分の薬に2000ドルの値段をつけているのです。病気の女性の夫であるハインツは、あらゆる知人からお金を借りましたが、薬の値段の半分の1000ドルしか集められませんでした。彼は薬剤師に自分の妻が死にかけていることを話し、値引きしてくれるよう、あるいは後払いをさせてくれるように頼みました。けれども薬剤師は、「それはできない。私がその薬を発見したんだし、それでお金を稼ぐつもりだからね」と言います。ハインツは思いつめてしまい、妻のために薬を盗もうと、その男の薬局に押し入ることを考えています。

資料3-1　コールバーグが用いたモラル・ジレンマ課題：ハインツのジレンマ
(Kohlberg, 1969 を筆者訳出)

は、社会的正義、および個人の平等と尊厳が重視されるとして**表3-2**のような道徳判断の発達の段階を示した。

　彼の理論において道徳判断の水準は、その人が属する社会の規範をそのまま受け入れ、その社会に適応的な道徳判断を行う「慣習的水準」を中心として、こうした慣習以前のその場限りの人間関係や利害関係に基づいて道徳判断を行う「前慣習的水準」、反対に、よりよい社会や、より普遍的な原理の追求を目的として、自分が属する社会の規範やルール、法律を超えた視点で道徳判断を行う「脱慣習的・原理的水準」の3つの水準が想定されている。発達的には前慣習的水準から慣習的水準を経て脱慣習的・原理的水準に進む。それぞれの水準にはさらに2つの段階があり、計6段階が道徳判断の発達段階とされる。第4段階までは実験や調査・観察によって実証的な根拠があるが、第5段階、第6段階では実証性が少なく、特に人間の尊厳の尊重に価値を置く第6段階は、コールバーグ自身もあくまで推論だと述べている通り、到達する人はきわめてまれである。

　コールバーグの道徳性発達の理論は、ピアジェ（Piaget, J.）（**第2章**、参照）

表3-2 コールバーグの道徳性発達の段階
(コールバーグ　岩佐訳，1987, pp.171-180 より要約)

水準と段階	内容とハインツのジレンマへの回答例	
I　慣習以前のレベル		
個々の文化の中で意味づけられた規則に反応するが、行為のもたらす物理的結果や快・不快の程度によって考えたり、そのような規則や言葉を発する人物の物理的な力によって考える。		
第1段階 罰と服従志向	行為の結果がなんであろうと、その行為がもたらす物理的結果によって行為の善悪が決まる。罰の回避と力への絶対的服従に価値がある。	賛成：もし妻を死なせてしまったら、自分が困ることになる。お金をけちったと非難されるだろうし、薬剤師とともに取り調べを受けることになるだろうから。 反対：もし盗んだら刑務所に入れられるので盗んではいけない。もし罪をまぬがれたとしても、いつか捕まるんじゃないかと悩み続けるだろう。
第2段階 道具主義的相対主義者志向	正しい行為とは、自分自身の必要と、ときに他者の必要を満たすことに役立つ行為である。人間関係は市場の取引関係に似たものと考えられる。忠誠や感謝、正義の問題ではなく、物理的有用性の面から、相互性を考える。	賛成：もし捕まっても薬を返せば重い罪にはならない。刑務所から出れば妻もいるので、多少の受刑期間も苦にはならない。 反対：捕まっても刑務所に長くはいないかもしれないが、たぶん出所する頃には妻は死んでしまうだろうから、ハインツにとってよい結果にはならない。でも自分を責める必要はない。妻が病気になったのはハインツのせいではないから。
II　慣習的レベル		
個人の属する社会(家族、集団、国など)の期待に添うことがそれだけ価値があると認識され、それがどのような直接的結果をもたらすかは問われない。個人的な期待や社会の秩序に一致するというだけではなく、社会の秩序に対する忠誠と、その秩序を積極的に維持し、正当化し、かつその中に存在する個人や集団と一体になろうとする態度。		
第3段階 対人関係の調和あるいは「良い子」志向	善い行いとは、人を喜ばせ、人を助け、また人から承認される行動である。多数意見や、当り前の行動について、ステレオタイプなイメージに従う。「良い子」であることによって承認を得る。	賛成：薬を盗んでも、ハインツを悪い人だと思う人は少ないかもしれないが、盗まなければ「人でなし」と言われるだろう。妻を死なせてしまったら、誰にも合わせる顔はない。 反対：薬剤師だけではなく、すべての人から犯罪者とみなされる。盗んだ後に、家族に迷惑をかけることを後悔して、誰にも顔向けできないだろう。
第4段階 「法と秩序」志向	権威や定められた規則、社会秩序の維持などへの志向。正しい行動とは自分の義務を果たし、権威を尊重し、既存の社会秩序を、その秩序のために維持することにある。	賛成：名誉を考えるならば、妻を救うたった1つの方法を、怖くて実行することができない、なんてことはないだろう。妻に対する義務を果たさなかったら、自分を責めることになる。 反対：自暴自棄になって、薬を盗むときに自分が悪いことをしているという自覚がないかもしれない。それでも罰を受ける時にはわかるだろう。自分の過ちと法を犯したことに罪の意識を感じるだろう。
III　慣習以後の自律的・原理的レベル		
道徳的価値や道徳原理を、集団の権威や道徳原理を唱えている人間の権威から区別し、また個人が抱く集団との一体感からも区別して、なお妥当性をもち、適用されるようなものとして規定しようとする明確な努力がみられる。		
第5段階 社会契約的遵法主義志向	正しい行為は、一般個人の権利や社会全体によって批判的に吟味され、合意された基準によって規定される傾向がある。個人的価値や意見の相対性が明瞭に認識され、合意に至る手続き上の規則が重視される。その結果、「法の観点」が重視されるが、社会的効用を合理的に勘案することによって法を変更する可能性が重視される。法の範囲外では、自由意思に基づく合意と契約が人間を拘束する義務の要素となる。	賛成：盗まなければ、むしろ他者から軽蔑されるだろう。妻を死なせるのは、考え抜いた結論ではなく、恐怖心からだ。だからこそ自分が自尊心を低下させるだけではなく他者からの尊敬も失うだろう。 反対：コミュニティでの自分の地位や尊敬を失い、法を犯すことになるだろう。感情に流されて、長期的展望を忘れれば、自尊心もなくなるだろう。
第6段階 普遍的な倫理的原理志向	正しさは、論理的包括性、普遍性、一貫性に訴えて自ら選択した倫理的原理に一致する両親の決定によって規定される。これらの原理は抽象的かつ倫理的であり、具体的道徳律とは異なる。本来、これらの原理は、人間の権利の相互性と平等性、1人ひとりの人間の尊厳性の尊重など、正義の普遍的諸価値である。	賛成：薬を盗まずに妻を死なせてしまえば、後になって絶えず自分を責めることになるだろう。人からの非難されることもなく、法の表面上の規則には従ったことになるが、自分の良心の基準には従わなかったことになるから。 反対：薬を盗めば、人からは非難されないかもしれないが、自分自身の良心と誠実の基準に従わなかったということで自分を責めるだろう。

の認知発達理論を基礎にして構成されている。そのため、たとえば「カンニングをなぜしてはいけないのか」という問いに対して、前慣習的水準の他律的道徳性の段階にある子どもが「先生に叱られるから」という回答をするのは、ピアジェが示した自己中心的思考が背景にあるからだと考えられる。つまり、認知発達に依拠しながら道徳性も発達するのである。

　コールバークの理論は、現在の道徳教育にも大きな影響力を持ち、この理論に基づいた道徳教育に関して後進が多くの業績を残している。

B　ギリガンの道徳性発達

　コールバーグの理論に対して、ギリガンは女性にはその理論が当てはまらないことを指摘した。コールバーグ理論の基礎となっている研究対象のほとんどが男性であり、そこで考えられたモラル・ジレンマ自体が人権や正義、公正さを重視した道徳性を前提としたものであった。ギリガン (Gilligan, C.) は、これは男性の道徳を説明するものであり、女性も含めた人の一般的な道徳判断とはいえないと指摘したのである。ギリガンは女性を対象として、コールバーグのモラル・ジレンマとは異なる物語（**資料3-2**）を扱った研究を進め、女性はコールバーグの第4段階から第5段階に進むのではなく、むしろ第3段階に戻ることを見出した。しかしこの結果は、女性の道徳性の発達が男性のそれと比べて停滞もしくは未熟であるということを意味するのではなく、他者への配慮と責任の道徳性という、コールバーグの道徳性とは異なる道徳性が存在することによるものだと主張したのである。これら2つの道徳性は、当初、性差によって明らかになってきたために、あたかも、男性は正義と公平の道徳性、女性は配慮と責任の道徳性をそれぞれ発達させるものだと認識されてしまった。しかしギリガンは、この2つの道徳性が性差によるものと考えるのではなく、性別に関わらず、1人の人間の中で2つの道徳性が発達していくものではないかと説明した。このギリガンの指摘から30年が経ち、社会性の研究領域だけではなく、アイデンティティやパーソナリティなどのような、個性に関する研究領域からも、ギリガンの指摘を支持する研究成果が多く報告されている。

　アイデンティティ発達においては、固体化経路と愛着経路として、パー

ソナリティ発達においては、個人志向性と社会志向性として、正義の公平の道徳性、配慮と責任の道徳性にそれぞれ対応する2つの発達過程があることがわかってきている。社会の中で私たちが生きるときには、他者と自分の区別をはっきりさせ、互いに個人を尊重しようとする態度が必要な一方で、他者と自分の区別をむしろ緩めて、他者と一体感を感じることで安心して生きることができ、1人では成しえない大きな仕事や成果を得ることができる。その両方を必要としているのが私たちであり、また私たちの社会であるといえるだろう。

　厳しい寒さを凌ぐ為、一匹のヤマアラシがモグラの家族に、冬の間だけ、一緒に洞穴の中に居させて欲しいとお願いしました。モグラ達は、ヤマアラシのお願いを聞き入れました。けれどもその洞穴は、とても狭かったので、ヤマアラシが洞穴の中を動き回る度に、モグラ達は、ヤマアラシの針に引っ掻かれてしまう事になったのです。ついにモグラ達は、ヤマアラシに洞穴から出て行って欲しいとお願いしました。ですがヤマアラシは、このお願いを断りました。そして言ったのです。「ここに居るのが嫌なら、君達が出て行けばいいじゃないか。」

資料 3-2　ギリガンの用いたモラル・ジレンマ課題
（ギリガン　岩男訳, 1986）

4　向社会的行動の発達

　ギリガンの配慮と責任の道徳性や、愛着理論にみられる道徳性は、他者を思いやり、時には自分が不利になっても他者を助ける行動とも関連が深い。他者のためになることをしようとする自発的行動を、向社会的行動という。向社会的行動は、子どもの成長に伴って、どのように変化してゆくのだろうか。また、どのような個人の能力が、向社会的行動と関係しているのだろうか。

A　向社会的道徳判断の発達

　コールバーグの道徳性判断におけるモラル・ジレンマは、社会のために自分のとりたい行動を抑えることが期待されるジレンマであった。しかし社会のために、より積極的に個人が行動する側面に着目したアイゼンバーグ（Eisenberg-Berg, N.）は、コールバーグとは異なるモラル・ジレンマ課題（資料 3-3）を用いて研究を進め、向社会的道徳判断の発達を明らかにした。

　この結果からは、他者の不幸の回避や幸福のために積極的にとる行動について、小学校低学年くらいまでは自分にとってその行動が有利かどうかが判断基準になるが、高学年から中学生になるにつれて、徐々に相手の視点にたった理解（役割取得または視点取得）に基づいて判断されるようになり、やがて自分の中で内面化された義務や責任感、価値に基づいた判断に変化していくことがわかる。またこの研究の中でアイゼンバーグは、親の養育態度と向社会的行動との関連も検討し、養育者の権威的態度が向社会的行動を阻害する可能性があること、年齢が上がるにつれて、子どもに対して協力的な養育態度から、自律的に考えることを推奨するような養育態度に変化させていくことが、向社会的道徳判断に影響する可能性があることを指摘している。

　コールバーグの道徳性発達も、アイゼンバーグの向社会的道徳判断も、いずれも実際の行動ではなく、どう判断すべきかが問われているので、必ずしもその判断に添った行動がとられるとは限らないが、認知的な判断は、少なくとも実際の行動の前提となっていると考えられる。子どもが成長に

　ある日、メアリーという女の子が友達の誕生日パーティに向かっていました。途中で、転んで足にけがをしている女の子に出会いました。メアリーは、その子から「私の家に行って両親を呼んできてほしい。」と頼まれました。そうすれば、両親がその子をお医者さんに連れて行ってくれるからです。でも、もしメアリーがその子の両親を呼びに行ってしまうと、友達の誕生日パーティに遅刻してしまい、アイスクリームやケーキをもらうことはできないかもしれないし、誕生会のゲームに参加することもできないかもしれません。

資料 3-3　アイゼンバーグが用いたモラル・ジレンマ課題
（Eisenberg-Berg, 1979 を抜粋して筆者訳）

伴って、認知的にも発達することを踏まえれば、向社会的道徳判断も年齢に伴って質的に変化することはむしろ当然のことといえるのかもしれない。

B　向社会的行動の発達

　前節でみた通り、向社会的道徳判断が認知発達に依拠して発達するため、向社会的行動も年齢に伴っておおむね増加する。幼児期の向社会的行動を観察すると、けがをした友達の苦痛の表情を知った子どもは、1歳前半までは自分も動揺して苦痛の表情を浮かべ泣き出すが、2歳までには、友達をじっと見つめて、お菓子を渡したり、自分の大切なおもちゃを差し出したり、「大丈夫？」と声をかけたりするようになる。さらに2、3歳になると、相手の好みに合わせたお菓子やおもちゃを探してきて渡すこともできるようになる。

　このように、1歳頃までは相手の感情に影響されて、相手と同じような感情を経験するために、相手の助けになるような援助を行うことはまだできない。しかし、受動的に相手の感情に影響されるばかりではなく、徐々に自分の感情と相手の感情が異なるものであることがわかってくると、相手が困っていたり、苦しんでいたりすると、それをなぐさめようとする行動がとれるようになってくる。そして、自分の経験と他者の経験が異なるということがさらにはっきりとわかってくると、なぐさめる際にも、自分がなぐさめられる方法ではなく、相手の好みや経験、立場に応じてなぐさめ方を変化させることができるようになるのである。このように、相手の好みに配慮した向社会的行動がとれるようになるためには、「相手の立場にたつこと」（役割取得または視点取得）ができる必要がある。2、3歳の子どもでは、自分と他者とが異なる世界観や感情を持っていることを認識し始め、少しずつ相手の視点にたって考えることができるようになり、これが向社会的行動につながる。しかし4歳頃までは、その理解はまだ表面的であり、自己中心的な役割取得にとどまっている。

　実際の向社会的行動は、認知発達の程度だけで決まるものではない。その行動をとることによって自分にどの程度のリスクが伴うか、また実際に自分に援助が可能か、といった状況の影響を受け、道徳的によいと思うことでも行動に結び付かないこともある。このように向社会的行動が生じる

背景には、認知的発達などのような個人的要因に加えて、状況的な要因も深く関係している。しかし同じ状況であっても、向社会的行動を起こす人と起こさない人がいる。向社会的行動の個人差には、共感性が関与している可能性が指摘されている。

C 共感性の発達

　共感性の定義は多様だが、最近では、他者の心の状態を頭の中で推測し、理解するという認知的側面と、相手と類似した心の状態を身体的にも感じとる情動的側面の両方から構成されると考えられることが多い。前者は認知的共感とも呼ばれ、意図的に相手の立場にたって見方や捉え方を推測するプロセスである。一方で後者は、頭で考える以前に、相手に生じている身体的な感覚が先に生じて、それに基づいて相手の心の状態が推測される自動的なプロセスであり、情動的共感と呼ばれている。

　認知的共感の発達は、図3-3に代表されるような誤信念課題によって検討されてきた。この課題に正答するためには、被検者自身は太郎がボールを隠した事実を知っていても、その場にいない花子はこの事実を知らないことを、花子の視点にたって推測することが必要である。つまりこの課題の解決には、目で見ることができない他者の心の状態を推測しようとする心の働きを必要としており、このような心の働きを心の理論（Theory of Mind）という。この課題を年齢の異なる子どもたちに実施すると、4歳代で正答率が誤答率を上回ることが示されている。

　一方の情動的共感は、他者の不幸に接したときに他者の利益になろうとする向社会的行動に対して重要な役割を果たしていると考えられている。その起源は、新生児が他児の泣き声に反応して自分も泣き始めるという原初的共感反応にある。その後、前節でも見たように、自他の区別がつくようになると、他者をなぐさめる行動などがみられるようになるが、その背景には、感情機能の発達があると考えられている。つまり他者の苦痛に接したときに、自分に生じた苦痛を低減させようとする自己志向的な共感反応から、相手に生じた苦痛を相手への心配や配慮、思いやりのような、より高度な感情機能に転換させて、相手の苦痛の感情を低減させようとする他者志向的な共感反応に発達的に変化していくメカニズムが想定されてい

①

花子と太郎が、部屋で一緒にあそんでいました。
花子がボールをかごの中にしまいました。

②

そのあと花子は、部屋を出ていきました。

③

花子がいない間に、太郎がボールをかごから取り
出し、別の箱の中に入れました。

④

花子が部屋に戻ってきました。
花子はボールを取り出そうと思って、
最初にどこを探すでしょう？

図 3-3　誤信念課題の例

るのである。

　このように、向社会的行動に結び付く共感性の発達はおよそ 4、5 歳頃ま
でに発達して、相手の気持ちを考えた行動をとることを可能にする基本的
能力が備わる。しかしこの能力がそのまま向社会的行動に結び付くかとい
うとそうとも限らない。他者を助ける行動は、小学校高学年から中学生に
なるといったん減少し、高校生になると再び上昇するという報告もある。
このことからは、思春期における自己意識や自己概念の変化が、向社会的
行動と関係している可能性がうかがわれる。つまり思春期以降、他者の立
場を考え、向社会的行動をとるためには、成熟した自己概念や相応の自尊
感情が必要となるのである。

引用文献

Ainsworth, M. D. S., Blehar, M. C., Waters, E., & Wall, S. (1978). *Pattern of attachment : A psychological study of strange situation.* Hillsdale, NJ : Erlbaum.

Bowlby, J. (1969). *Attachment and loss. Vol. 1 : Attachment.* London : Hogarth Press.
　（ボウルビィ，J.　黒田実郎・大羽　蓁・岡田洋子・黒田聖一（訳）（1977）．　母子関係の理論：1──愛着行動　岩崎学術出版社）

Eisenberg-Berg, N. (1979). Development of children's prosocial moral judgment. *Developmental Psychology, 15,* 128-137.

Gilligan, C. (1982). *In a Different Voice : Psychological Theory and Women's Development.* United States : Harvard University Press.
　（ギリガン，C.　岩男寿美子（訳）（1986）．　もうひとつの声──男女の道徳観のちがいと女性のアイデンティティ　川島書店）

Harlow, H. F. (1959). Love in Infant Monkeys. *Scientific American offprints,* **200** (6), 68-78.

数井みゆき・遠藤俊彦（編著）（2005）．アタッチメント──生涯にわたる絆　ミネルヴァ書房　p. 53.

Kohlberg, L. (1969). Stage and sequence : the cognitive-developmental approach to socialization. In Goslin, D. A. (Ed.), *Handbook of socialisation theory and research.* Chicago : Rand McNally. pp. 347-480.
　（コールバーグ，L.　永野重史（訳）（1987）．　道徳性の形成──認知発達的アプローチ　新曜社）

コールバーグ，L.　岩佐信道（訳）（1987）．　道徳性の発達と道徳教育──コールバーグ理論の展開と実践　広池学園出版部

Portman, A. (1956). Zoologie und das neue Bild vom Menschen. -Biologische Fragmente zu einer Lehre vom Menschen. -Rowohlts deutsche Enzyklopädie. *Das Wissen des 20. Jahrhunderts im Taschenbuch mit enzyklopädischem Stichwort.* Herausgeber Prof. Ernesto Grassi Universität München. Sachgebiet Biologie. Nr. 20. Benno Schewabe, Basel.
　（ポルトマン，A.　高木正孝（訳）（1961）．　人間はどこまで動物か──新しい人間像のために　岩波書店）

Reimer, J., Paoliotto, P. T., & Hersh, R. H. (1979). *Promoting moral growth : From Piaget to Kohlberg.* USA : Waveland Press.
　（ライマー，J.　パリオット，D. P. & ハーシュ，R. H.　荒木紀幸（監訳）（2004）．　道徳性を発達させる授業のコツ──ピアジェとコールバーグの到達点　北大路書房）

繁多進（1987）．　愛着の発達──母と子の心の結びつき　大日本図書　p. 79.

考えてみよう

・・・・・・・・・・・・・・・・・・・・・・・・・・・・・

(1) 資料 3-1、資料 3-2、資料 3-3 の 3 つのモラル・ジレンマ課題を、実際に
やってみよう。課題によって自分や友人の回答はどのように異なるだ
ろうか。

(2) サルが太鼓をたたくおもちゃを見て、まだ言葉を話すことができない
乳児が嬉しそうにしている。この様子を見た養育者が、「お猿さん、面
白いねえ、楽しいねえ」と、乳児が感じていそうなことを、乳児の代
わりに声に出すことがよくある。このような養育者の関わりは、子ど
もの心の理解の発達に役立つと考えられているが、それはなぜだろう
か。

第4章 青年期の発達

本章のポイント

　青年期は、子どもでも大人でもない曖昧な時期である。この時期に「自分の存在意義は何なのか」という疑問に真摯に向き合い、自分なりの自我同一性を確立する。それは、自分の名前、性、出自、学歴、職業、能力、パーソナリティなど、自分を表すさまざまな要素を「自分」という存在の中にまとめ合わせ、そして、社会と歴史という大局の中で自分の立ち位置を明確にしていくことである。そのうえで、自分自身の将来に向かって主体的に生きていくことを決意し、自分の人生を自分で歩んでいくのである。本章では、自我同一性の概念を中心に、青年期の発達やその特徴を相互関連的に、また、多角的に理解していく。

1 自我同一性の発達

A 自己（自我）の発見

　自分とは誰なのか、そして、どのような存在であるのか。

　この問いに明快な答えはないし、他人から与えられるものでもない。また、たとえ自分なりに回答を出せても、本当にそれが自分なのかと再考したり、時には否定したり、また、それを繰り返すだろう。しかし私たちは、生まれたときから自分の存在に気づいていたわけではない。自己意識は社会性が発達し、自他を区別した結果として生じるものである。すなわち、他者を意識することがその前提にあり、社会から隔絶された状態で自己は存在し得ない。そして、そこには第三者的な視点も必要であり、ジェームズ（James, W.）が指摘したように、主体としての「私」（主我：I）が客体としての「私」（客我：Me）を認識するのである。

　思春期の前段階には、それまでは当たり前のように感じていた世界について「自分が寝ている間も、この世界はいつも通りに存在しているのか」「本当は、この世界に自分1人しかいないのではないか」などの疑問を突然と抱く。このような強烈な体験をビューラー（Bühler, C.）は「自我体験」と名付けたが、この体験を経て、初めて、他の誰とも異なる唯一無二の存在としての自我を改めて発見し（シュプランガー Spranger, E.）、自己を探索、再構築していくのである。

B 自我同一性とは何か

　エリクソン（Erikson, E. H.）は、複雑な家庭・社会的境遇の中で育ち、その後、精神分析の訓練を受けて、心理臨床家として独自の理論を展開していったが、その彼の最大の功績が、自我同一性（アイデンティティ）に関する理論である。

　自我同一性にとって、まず重要なことは、社会の中で自分自身の「斉一性（セイムネス）」を、時間の流れの中で「連続性（コンティニュイティ）」をそれぞれ直接的に知覚することである。前者は、家族や学校、職場など社会の中で自覚される地位や役割、立場など1つ1つの要素を自己の中に統合

していくことである。後者は、過去の自己と未来の自己を時間的に連続するものとして結合させ、橋渡しをすることである。たとえば、家族の中での息子としての私やアルバイト先での店員としての私、小学生だった私、中学生だった私など、さまざまな自分自身の姿を1個の自分という存在の中にすべてまとめていくことであり、そこで構成される自己像は自ずと多元的になる。

　そのうえで、自分自身が目指すもの、望んでいるものを明確に意識している感覚（対自的同一性）、そして、自分の斉一性と連続性を他者が認めてくれているという事実を知覚すること（対他的同一性）も重要である。すなわち、自分自身の内的感覚が一致していること、そして、自分の自己概念と社会から見られている自己像との間が調和していることも自我同一性は意味している。人間は社会の中で発達し、社会的動物として存在しているのであり、自我同一性とは、社会と切り離されることなく、社会の中で、社会と連結された自己の形である。たとえば、乳児が歩くことは、単に「歩く」という行動ができるようになったことを意味するだけではない。それは、本人にとって重要な他者から承認されることでもあり、これによって自分の発達を実感し、社会の中で自分自身の存在を確かなものにしていく契機になる。したがって、社会の中で認められることは自我を形成していくうえで欠かせない。人間は、主体的に経験を蓄積し、社会集団の中で現実感をもって自己を位置づけることにより、「生きている」実感とともに、着実に未来に向けて「生きていく」のである。

C　自我同一性の確立と自我同一性の拡散

　青年期には、第二次性徴など急激な身体内部の変化に直面し、自己像を問い直す必要に迫られる。したがって、この時期には、それ以前に獲得されてきた同一性を単に「総和」させるのではなく、それを超越したところで「統合」させていかなければならない（自我同一性の確立）。まさに、ルソー（Rousseau, J.-J.）が表現したように、青年期は生きるために生まれ変わる「第二の誕生」の時期なのである。

　しかし、自我同一性の確立は大仕事であって、当然のことながら、そこには困難が伴う。青年はレヴィン（Lewin, K.）の言う「境界人」であって、

身体的には大人であり、子どもとして扱われることに違和感を覚えるものの、大人として社会で負うべき責任は回避しようとする。また、自分の能力を認める一方でそれを無価値なものと断じたり、一所懸命に努力しながら、やっても無駄だろうとやる気をなくしたり、社会に役立ちたいと思いつつも、自分の能力に限界を感じたりもする。親や教員などに助言を求めながら、それに反発や軽蔑もする。自己を意識すればするほど、自己のさまざまな矛盾に向き合わざるを得ず、自分は自分なのかという感覚に陥り、ここにはいない「本当の自分」を探そうとする。進路を決定できなかったり、就職活動の失敗が続いたりすることも、特に青年を混乱させる。その結果、自分のことを駄目な人間と決定づけて、自分を見失う場合がある。このように自我同一性が拡散（混乱）した状態（自我同一性の拡散）は、通常、多くの青年が一過的に経験する。これは、自我を自ら整理する作業であり、社会の中に身を投じていくための青年自身の社会実験なのである。

　自我同一性が拡散すると、時間の拡散、同一性意識、否定的な自我同一性の選択、労働麻痺、両性的拡散、権威の拡散、理想の拡散などのさまざまな症状が現れる。たとえば、時間の拡散は時間に対して不信感を抱き、将来に見通しや展望を持てず、計画はすべて破綻するように思われてくることである。待つことは無能感を味わわせ、死にいたることさえある。もっとも、この症状は短期的であることが多く、これを脱すれば、見通しをもって未来に投資する活動を再開するようになる。ただし、描いた未来が実際に実現されるためには、本人の学習や適応、運なども必要である。

　また、自我同一性を確立しようとする行為は、周囲にすべて見透かされていると思い込み、まるで、周囲の人間がすべて自分に注目しているかのように自意識過剰になる（同一性意識）。他者にジロジロ見られることは恥ずかしく、そこで、集団の中に自分を埋没させ、自分だけが目立つことのないように画一化させる。だから、周囲の大人には奇異に見えるような行動であったとしても、青年は彼ら独自の服装や言葉遣いをするのである。

　また、社会的に望ましくない方向にひねくれることもある（否定的な自我同一性の選択）。社会的に認められた役割を獲得することが不可能に見える状況では、無理にそれを得ようとして絶望的に努力するよりも、むしろ、社会的に望ましくない役割に同一化してしまう方が、本人にとって自我同

一性の感覚が容易に引き出されるように思われるのである。さらに、「どうせ駄目なら、最初からやらない」「いっそ、死んだ方がマシ」などと全面的に否定的な自我同一性を選ぶことによって、安心感を得、主体性を必死に取り戻そうと試みる場合もある。一方で、自分なりの自我同一性を達成したり職業的同一性を見つけたりする実験から逃避してしまうこともある（労働麻痺）。

　なお、青年期にしばしば見られる非社会的行動（不登校やひきこもりなど）や反社会的行動（非行など）、神経症の発症などは、自我同一性拡散の急性的な反応である場合が多い。また、自我同一性が拡散すると、その心理的防衛反応として、自分と共通点のある英雄たちに過剰に同一化し、その反対に、容姿や服装、考え方や価値観、趣味や才能など、自分とは異なる他者に対して不寛容になりやすい。若者が思想を先鋭化させたり、他者や他集団に対して排他的になったりすることも少なくなく、残念ながら、他者を疎外したり、いじめたりしてしまうことや、宗教的、政治的に極端な排外主義や差別思想、ナショナリズム等に染まってしまう場合も見られる。しかし、個々人の自我同一性は本来的に多様であり、青年期には、相互の多様性を認め合えるような、民主的で寛容な自我同一性の確立こそが求められるのである。

　自我同一性の拡散は、自己の真理を追究するための試行錯誤的な方略である。程度や感じ方などに個人差はあるが、拡散した状態を乗り越えてこそ、「社会の中では小さな存在に過ぎないが、自分は長所も短所も矛盾も抱えた一個の人間なのだ」と真に受容して、社会に進出していくのである。だが、自我同一性の確立は、進路や職業を選択、決定する青年期だけの課題ではない。その確立への道のりは一生涯続き、職業上および生活上でさまざまな変化を経験する度に、それまでの過去を振り返りながら、現在の自己像を見つめ直していくことになるだろう。

D　心理・社会的モラトリアム

　モラトリアムは、もともと、金融恐慌や大災害などが発生した際に、一時的に債務の返済を猶予する経済政策のことであるが、エリクソンは、青年期をモラトリアム期間と考えた。すなわち、青年は、身体的には成熟し

ていても、社会的な発達はまだ十分でなく、社会的責任や義務を負い、家庭生活を営むことが猶予されている状態である。その代わり、このモラトリアム期間に、社会生活を送るための知識や能力を身につけ、さまざまな役割実験を通して自分の居場所を見つけ、また、心理的・性的な能力を身につけて親密性を構築し、家庭を築く準備をしなければならない。この作業によって初めて内的連続性と社会的斉一性の確かな感覚を獲得し、対自的同一性、対他的同一性を調和させながら、社会に参画していくのである。

　一方で、小此木啓吾は「モラトリアム人間」の特徴を明らかにした（**表4-1**）。物質的に豊かで、自分であくせくと自我を確立しなくてもそれなりに暮らしていける現代では、モラトリアム状態自体が心地よい。その結果、自分さえ良ければいいなどと考え、自我同一性の意識が希薄で、その確立を先延ばしにして、猶予状態であり続けようとするのである。先頃話題になったパラサイト・シングルやニート、モンスター（ヘリコプター）・ペアレントは、その一例である。小此木は日本人全体のモラトリアム化に警鐘を鳴らしたが、モラトリアム人間は、今この瞬間だけに漂流する自己中心的な現代人の姿なのかもしれない。

表 4-1　モラトリアム状態とモラトリアム人間の違い（小此木，1978）

モラトリアム状態の心理	モラトリアム人間の心理
半人前意識	全能感
自立の渇望	無意欲、しらけ
禁欲	解放
真剣・深刻な自己探求	遊び感覚
自己直視	自我分裂
社会への同一化（社会の継承者）	社会との隔たり（局外者）

2 ● キャリア形成と発達

A　キャリア形成とその指導

　キャリア指導は、20世紀初頭のパーソンズ（Parsons, F.）による職業ガイ

ダンス運動に端を発している。これは、自己理解と職業理解とを結びつけて職業選択につなげるものであったが、このような職業指導は、しだいに進学ガイダンスへと役割が拡大していくこととなった。

キャリア発達を構造的に理解したのがホランド (Holland, J. L.) である。彼は、職業興味とパーソナリティとの間に相関があると考えて、以下のような類型化を試みた。

①現実的：機械や物体など、具体的で実際的な仕事や活動への興味。
②研究的：研究や調査など、研究的、探索的な仕事や活動への興味。
③芸術的：音楽や文学などの芸術的領域での仕事や活動への興味。
④社会的：人に接したり奉仕したりするような仕事や活動への興味。
⑤企業的：企画・立案、経営や組織運営、起業などの仕事や活動への興味。
⑥慣習的：事務など、定まった方式や規則に基づく仕事や活動への興味。

そして、各領域への興味、自己統制、男性 – 女性傾向（性役割観へのこだわり）、地位志向、稀有反応（職業観のユニークさ）、黙従反応（職業に対する関心の広さ）の程度を示す職業興味検査（VPI）を開発した。

B　ライフサイクルとキャリア発達

さて、キャリアという言葉は、職業生活上の経歴や地位など労働に関連する活動を意味することが多いが、本来的には、ライフサイクル全体を通した生き方や社会的役割全般に広く関連し、金銭的報酬の有無に関わらず、子どもから高齢者にいたるまで、また、家庭における家事、育児や介護、ボランティアや地域活動、レジャーや余暇活動などを含めた、すべての社会的経験や活動の蓄積についての概念である。そこでスーパー (Super, D. E.) は、エリクソンの発達モデルをもとに生涯キャリア発達の考え方を提唱した。

彼によれば、青年期前期までの「成長段階」に、社会を通して自分自身を知り、労働の意味の理解を深めていく。青年期前期から成人期前期にかけての「探索段階」では、職業志望を形成し、その中から具体的に1つの職業を選択して、それに向けた準備を行う。成人期前期から40歳代の「確立段階」で、特定の職業に就いて経験を蓄積しながら、職業的能力や地位を高めていく。次の「維持段階」で地位の保持に努め、そして、職業的活

動から引退する「下降（解放）段階」へといたるのである。もちろん、すべての人間がこのような単一の発達過程をたどるわけではないし、社会情勢がめまぐるしく変化する現代では、この理論は必ずしも万人に適合するとは限らない。しかし、たとえば、職業生活からの引退は人生の終焉を意味するわけではないように、老若男女問わず、すべての人間が社会への参画者であることを踏まえれば、個々人のキャリアは、一生涯を通して継続し発達していくという観点は重要である。

　また、キャリア発達をより明確化した職業発達段階説（宮下，2010）によれば、子ども時代は「充電期」であり、ヒーローやアニメキャラクタなどの空想的な願望を語ったり、スポーツ選手や食べ物屋など「なりたい」職業を自由に漠然と夢想したりしているに過ぎないが、「滑走期」である青年期には、自分の能力や適性、興味関心などを見極めながら、具体的に職業をイメージし、現実的な方向性を見出していく。そして、実際に職業を決定してそれに打ち込んで自分の居場所を確保する「離陸期」、社会的な達成と自己充実の「充実期」を経て、それまでの職業経験を内面化して人生全体を統合する「完成期」へといたるのである。

　受験や就職活動などは長い人生の中で数度しかない意思決定であるが、われわれは、これらの出来事をもとにしてステップアップしたり、あるいは、方向転換して別の道を模索したりして自我を形成していく。個々人がキャリアを形成していくために必要なキャリア教育とは、単なる進路指導や職業指導にとどまらず、今後どのように生きていくか、社会の中でどのような役割を果たしていくか、などといった今後の生き方全般に関する支援や指導を含んでいるのである。

C　青年期における進路の選択

　自我同一性の確立とキャリア形成は密接に関係している。青年は、自分の進むべき将来の方向性を見定めたうえで、そのためにはどうすべきかを考え、現在なすべき行動を決定していく。しかし、最初から明確な目標をもって特定のキャリアを志向し、それに一途に邁進することは稀であり、青年の多くは、漠然とした未来予想図の中から手探り的に進路を探索し、自分の興味や能力を理解しながら徐々に将来像をイメージするようになる。

親や教員などの身近な職業人の体験談や観察、職場体験やインターンシップなどを通して、自己のキャリア観や職業興味等を明確にし、その一方で自己の特性や適性などを把握しながら、進学や就職など現実的に進路を決定していくのである。その過程で、大きな困難を克服できることもあれば、思い通りにならないこともあるだろうし、理想と現実の狭間で迷い、打ちひしがれることも少なくない。「夢は必ず叶う」「絶対に諦めるな」といったキャッチフレーズを叫ぶのは簡単だが、それによって青年が追い詰められ、プレッシャーに押し潰されてしまうことはないだろうか。むしろ、たとえ挫折しても、その後どのように修正したり立て直したりすることができるかが重要であり、それを踏まえたキャリア指導が必要である。

さて、高校生の約4分の1が将来の進路を決めておらず（日本青少年研究所, 2002）、新規学卒後3年以内の離職率が30%（中学卒業者の場合は約60%）を上回る状況が続いている（厚生労働省, 2019）。そこには、雇用のミスマッチ、進路意識・職業意識の未熟さ、目的意識が不明確なままでの場当たり的な進路選択など、さまざまな要因が考えられる。それを「夢を持てない」「主体的に決められない」若者と断定するのは危険である。たとえば、根強い学力信仰の中で、幼い頃から周囲の大人の敷いたレールに沿って行動することを強いられ、自我同一性を模索する機会が失われた結果、「進路を自分で決定する意味がない」状態になってしまっていることはないだろうか。社会・経済状況の不安定さと不透明さが増していく中で、個人の多様性を保障し、1人ひとりの人間が主体的にキャリアを形成して社会の中で自己実現できるように、学校や地域、関係機関等が連携して社会全体として取り組んでいかなければならない。

D　キャリア形成上の困難と支援

進学や就職などにチャレンジしていく若者に対する支援の一方で、さまざまな状況を抱えて、社会参加できない状態に陥った場合には、より手厚いキャリア支援が必要である。

一般に「フリーター」とは、15〜34歳の若年者層（女性は未婚に限定される）のうち、アルバイトやパートとして雇用されている、または、現在は無業であっても、アルバイトやパートとして働くことを希望している状態であ

り、全国に 143 万人いるとされている (総務省, 2019)。彼らは一般的に「やりたいこと」志向で語られ、職業とは別に「やりたいこと」があり、そのために自ら望んでフリーターとなることを選択したり、あるいは「やりたいこと」を見つけようと悩んでいて結果的にフリーターになったりすることが多い。ただし、全員が必ずしも自発的にフリーターを選んでいるとは限らず、正社員を希望しながらも、社会・経済的状況によって正社員として採用されなかったり、離職後に正社員として復帰することがかなわなかったりして、結果的にアルバイトやパートで生計を立てることを余儀なくされているケースもある。

　「ニート (NEET : Not in Education, Employment, or Training)」と呼ばれる若年層は全国に 53 万人おり (総務省, 2019)、彼らは教育、雇用、職業訓練のどれも受けておらず、求職活動もしておらず、また、家事を主にしているわけでもない状態である。彼らは、学校や家庭、あるいは職場などで深刻な問題を抱え、職業生活全体に対する自信が欠如したり、就労意欲が減退したりするうちに、結果的に、教育、就労やその訓練も受けない状態になっていく場合が多い。したがって、社会の中で自己を保持できず、自分の居場所を見つけられなくなった状態であると考えられている (下村, 2014)。

　そこで、以上のような問題を抱えている青年に対し、ハローワークなど就業支援に関する専門機関には、求職者に対するきめ細かな就業相談や情報提供、企業と就職希望者をつなぐさまざまな制度やその拡充、就職後の定着やキャリア・アップの支援、そして、企業には、長期的な視野に基づいて雇用する姿勢や、多様な働き方を支える環境や制度の整備などが求められる。しかし、残念ながら、社会・経済状況に応じて労働者を自由自在に調整弁のように扱う雇用者もいるのが現状である。フリーターやニートの状態にある人々が、雇用者の都合で使い回しにされた挙句、切り捨てられてしまっていくことによって、本人にも社会にも、深刻な影響を及ぼしかねない。フリーター・ニート支援は、単なる個々人のキャリア問題にとどまらず、1 人ひとりを社会参加者として認識し、各人のニーズにあわせて真に多様な社会を実現していくことにつながるものであり、経済問題であると同時に、社会問題であり、政治的な問題なのである。

E　ひきこもりとその支援

　近年は、ひきこもり問題もあらためてクローズアップされている。ひきこもり状態にあることで、キャリア形成上も社会的にも非常に不利な立場におかれ、それが社会復帰をますます困難にしている。さらに、ひきこもり問題は家庭生活や社会生活に影響を及ぼし、また、介護や福祉などの問題と複雑にからみあったり、最悪の場合には、当事者とその周囲の人々の間で犯罪や自殺にいたったりすることもあり、社会全体での対策が喫緊の課題である。

　ひきこもりは非精神病性の現象と考えられており、さまざまな要因の結果として、①就学・就労や交遊などの社会参加を原則6か月以上回避していて、②概ね家庭にとどまり続けている状態（外出しても他者とは交わらない場合も含む）であり（厚生労働省, 2010）、2018年時点で推計61.3万人がひきこもり状態にあるといわれている（内閣府, 2019）。従来は、不登校の問題との関連性が指摘されていたが、この調査によると、ひきこもりは、それだけではなく、退職、職場や就労上の問題、家庭生活など多様なきっかけで生じ、どの年齢層にも、どのような立場の者にもみられる現象である（図4-1）。ひきこもりの半数近くが7年以上その状態を継続させており、長期化も深刻な問題となっている（図4-2）。

　さて、不登校を、慌ただしく過ぎていく学校生活の中で、ふと立ち止まって自分の生き方を見つめ直す機会として捉え直す立場がある（鶴田, 2001）。そうであれば、ひきこもりも同様に、忙しなく駆け抜けるような生活を自分自身に問い、自己を再体制化させる機会であると考えることもできる。したがって、ひきこもり支援には、カウンセラーやケースワーカー、福祉、

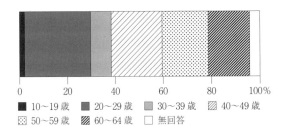

図4-1　初めてひきこもり状態になった年齢（内閣府, 2019）

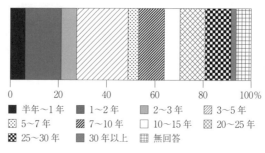

図4-2　ひきこもり状態になってからの期間（内閣府，2019）

医療従事者の他、各専門機関が連携し、当事者本人やその家族に対して、就労や生活面だけでなく、さまざまな側面からアプローチする相談体制の整備が急務である。また、支援にあたっては、アウトリーチ（支援機関の方から当事者にアクセスする形）も特に重要である。

3　青年期の社会性

A　青年期の親子関係

　自我同一性を確立させようとする青年は、親に依存していた状態からの自立を目指す。親に決めてもらい、指示されるのではなく、自分で判断し、主体的に行動しようとする。ホリングワース（Hollingworth, L. S.）は、このような青年期の欲求を乳児期の物理的な離乳と対比させて、心理的離乳と呼んだ。親元を離れて一人暮らしをしたり、家族からのお小遣いではなくアルバイトをして収入を得たりするのは、その表れである。

　親の庇護から離れて主体的に行動しようとすると、親の保護者としての行動は必然的に過干渉や束縛のように感じられるようになり、親の意見を拒否して自分の意思決定を通し、自由に行動しようとする。これが第二次反抗期であり、幼児期の第一次反抗期とは異なる明確な反対・反抗の意思表明である。親の「勉強しなさい」に対しては、「自分でやろうと思っていたところだったのに、言われたから、やる気がなくなった」と主体性を表

明し、「きちんとしなさい」「部屋を掃除しなさい」には「自分の勝手だ」と個人の自由を主張する。このような反発は親にだけでなく、教員や学校などの周囲の大人や権威にも向けられる。教員の教育的指導に従わなかったり、教員にあだ名をつけたり、校則をわざと破ったりもする。

　青年と周囲の大人との関係は、このように対立軸で考えられることが多いが、実際の対立は、学業成績や勉強、服装や身の回りの整理整頓など、日常生活上に限られることが多いといわれている。また青年は、自我同一性をうまく確立できていないこと、一人前になりたいけれどもなれない矛盾、対人関係や進路の悩みなどを抱え、イライラやモヤモヤをつのらせて、それを周囲の大人にぶつけているという側面もある。もちろん、青年期の初期ほど、周囲の大人とは異なる存在であることを自認し、親は親としての意見を強調し、結果として親子関係は対立的になりやすい。しかし、反抗こそが必然なのではなく、むしろ青年は、時として反抗しながらも、親との結びつきや愛着を支えとして自立を目指し、その中で、お互いに存在自体が異なるのだから、価値観も意見も違って当然だと認め、次第に大人同士の関係性を構築していくのである（図4-3）。なお、反抗という行動の中には家庭内暴力や校内暴力など不適切なものも混在しており、自立の表現の1つであるとして周囲が甘やかした結果、青年とその周囲の関係性が

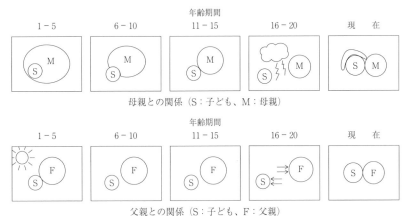

図 4-3　親子関係の変容（平石，2008）

修復不可能な状態に陥ったり、家庭崩壊にいたってしまったりするケース
もあり、注意が必要である。

B　青年期の友人関係

　学童期のいわゆるギャング・エイジにおいては、友人集団は約束やルー
ル、秘密などで結合されているに過ぎないが、青年期には部活動、共通の
趣味や関心を介して結合するチャム・グループを経て、精神的に支え合う
友人関係（ピア・グループ）が構築される。この関係性を通して、①さまざま
な悩みやストレス、不安などを共有する中で、自分だけが悩んでいるので
はないと気づき、心理的な緊張や孤独が緩和される、②自我同一性を探求
するうえで友人を行動モデルにする、③お互いに傷つき合いながらも、そ
の経験によって思いやりや配慮などの社会的スキルを学ぶ、といわれてい
る（松井，1990：宮下，1995）。

　だが、この時期の関係性には、もう1つの側面がある。前述したように、
自我同一性の拡散から自分自身を防衛するために、青年期には、異なる他
者に対して排他的、不寛容になりやすい。そこで、友人や学級の中で「浮
いた」存在にならないように、仲間外れにならないように集団でつるむの
である。集団を隠れ蓑にして、たとえば、周囲と同じ服装や容姿になるよ
う努め、話題や流行に乗り遅れないように常に関心を払い、若者だけに通
じる流行語を多用する。だが、友人集団の中で自我同一性を確立すること
はできず、かえって、集団に拘束され、埋没しているような感覚だけが強
くなっていく。そこで、同じ服装や格好の中に少しだけ自分の色や独自性
を盛り込んで、わずかな境のところで自分をなくさないように主体性を保
とうとするのである。

C　青年期の恋愛関係

　第二次性徴の発現を契機に、青年はしだいに、自己の性、他者の性を意
識するようになる。年長者や先輩に対する憧れは、次第に、同年齢の他者
に向けられるようになり、告白によって友達以上の関係になることもしば
しば見られる。しかし、青年は自我同一性が不明瞭であるために、①交際
相手からの評価を求め続け、自分に対する気持ちを繰り返し確認しようと

する。そのために、②相手の挙動に目が離せなくなり、寝ても覚めても、勉強のときでさえも相手のことばかり考え続けるようになる。そして、③お互いに監視し合うような関係性の中で、相手の存在を「重く」感じるようになり、④結果的に交際は長続きしないことが多い。このように青年期の恋愛には、自我同一性を補強する役割があり（大野, 1995）、面倒臭さや心理的負担から恋愛を回避しようとしたり、恋愛に自信をもてなかったりする青年は、概して自我の発達程度が低い。

　一方で自我同一性の発達に恋愛が不可欠とは限らず、「いつかは恋人がほしいが、現在は生活が充実しているから、特段に恋愛を希求していない」という楽観的な青年は、着実に自我同一性を確立していく傾向にある（髙坂, 2013）。2010 年代、毎日の生活が充実していることから転じて、交際関係が充実していることを「リア充（じゅう）」と揶揄する若者言葉が流行したが、これは、自我同一性を確立しつつある者に対する不安感の表現だったのではないだろうか。

　恋愛は幸せや楽しさを共有できるポジティブな体験である半面、他者のちょっとした言動に嫉妬し、傷つき、時として、辛い別れをひきずるような苦しい経験でもある。それゆえに、束縛されることや、相手に自分のペースを乱されることを嫌う青年にとって、自己本位の感情をぶつけ合うような関係性は相当な精神的負担を強いられるに違いない。それでも、生身の人間同士のさまざまな経験を通して、彼らの価値観は大きく広がっていく。相手のありのままの姿や気持ちを受容し、相互的で他者本位な関係性を構築するためには、幾度にもわたる恋愛経験を乗り越えていくしかないのである。

4　思春期の心理的理解

A　思春期の身体的発達

　思春期の身体的発達を特徴づけるものに第二次（思春期）スパートと第二次性徴がある。前者は、身長や体重などの体つきに関する急激な発達のこ

とであり、後者は思春期以降に明確になる性差のことである。これらは、第一次スパートおよび第一次性徴に続く顕著な発達的変化である（図4-4）。第二次性徴では、性ホルモンの働きが活発化し、生殖器官が発達する。男性の場合は睾丸や陰茎が発達し、ひげや恥部への発毛がみられ、喉仏が突出して変声し、射精（初めてのものを精通という）を経験する。女性の場合は骨盤、卵巣や子宮、乳房などが発達し、皮下脂肪が増加し、恥部への発毛がみられ、月経（初めてのものを初潮という）を経験する。各器官の変化は、同じ時期に同じ速度で生じるものではないため、特に思春期の初期ほど身体部位の発達はアンバランスで、その変化の状態に本人が戸惑いやすい。

思春期の成熟は個人差が非常に大きく、開始年齢には5年以上の差があり、また、一般的に女性の方が男性に比べて2年ほど開始が早い。男性はその大多数が自分の成熟を当たり前のことと受け止めているが、女性は男性に比べて否定的に捉えることが多いとされる。身体的変化には自他ともに気づきやすいため、お互いの成熟状態を比較して、他人より成熟が早くても遅くても恥ずかしい思いをしたり、また、自分の容姿や体型を過剰に気にしたりする。しかし、自分の成長や成熟をいかに受容できるかは思春期の課題の1つであろう。

現代はさまざまな面で生活が豊かになったことにより、特に欧米諸国や

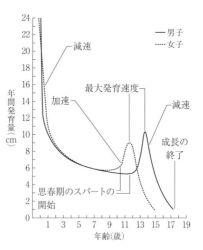

図4-4　典型的な身長の発育曲線（齊藤，2014）

先進国で発達加速現象が確認されている。この現象には、前の世代と比べて身体が大きくなったこと（成長加速現象）（図4-5）と、性的成熟などが早期化したこと（成熟前傾現象）（図4-6）の２つの側面がある。なお、日本を含め、先進諸国では、発達加速現象はある程度、停滞傾向にあるといわれる。

さて、生殖機能の充実に伴って性欲も増し、性的行動に関する情報に触れたり、性的行動を経験したりする機会が多くなる。近年は、性的行動の

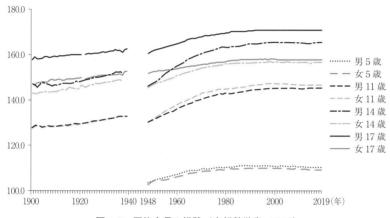

図 4-5　平均身長の推移（文部科学省, 2019）

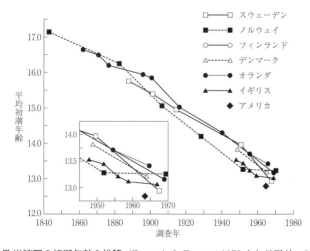

図 4-6　欧米諸国の初潮年齢の推移（Evereth & Tanner, 1976 より日野林, 2014 作成）

低年齢化、活発化、日常化も指摘されているが、青年の性的行動は多様で、むしろ、逸脱的行動には否定的ともいわれる（財団法人日本性教育協会，2007）。しかし、性的行動をあおるようなメディアが一部にみられるのも事実であり、自我同一性を確立させる時期だからこそ、青年には、お互いの性を尊重し合えるような、適切な性教育が望まれる。

B 青年期の感情

　青年期における性ホルモンの分泌増大は、脳の情動機能を亢進させる。些細なことで喜ぶが、ポジティブからネガティブな状態へ急転直下、ジェットコースターのように激しく動揺し、感情のコントロールが難しい。青年期はまさに、ホール（Hall, G. S.）が表現したような「疾風怒涛の時代」なのである。自己像は定まらず、さまざまな劣等感を抱え、現実と理想の間で苦悶し、自己卑下と自尊を繰り返す。学業や進路の悩み、対人関係や恋愛の悩み、容姿の悩み、親子関係のぎこちなさなどが加わり、イライラをつのらせていく。うっとうしい、煩わしいなどを意味する言葉から派生したとされる「うざい」という若者言葉は、モヤモヤとした不安感や違和感を表現したものなのかもしれない。

　情動機能の活性化の反面、前頭前野の発達は脳の中で最も遅く、青年の判断力や意思決定、自己統制力は発達途上である。それゆえ、さまざまな不安を抱えながらもそれを冷静に受け止めることができず、悩みは深く、どこまでも尽きない。その半面、時にはリスキーではあるが、何事にも衝動的かつ果敢にチャレンジできるということでもある。青年は、この時期のさまざまな経験を糧に、一歩一歩、自分自身の人生を歩んでいく。青年期は、人生の中でわずか十余年しかないが、自分自身の未来へ向けて踏み出すために貴重な時期なのである。

▐▐ コラム ▐▐　青年の人づき合いとその諸相

　近年は、ツイッター（Twitter）やライン（LINE）、インスタグラム（Instagram）などの新しいソーシャルメディアが次々と登場し、携帯端末の小さい画面から、いつでもどこでも手軽に、世界中のあらゆる人々と一瞬にし

てつながれる時代である。小さい頃からこのようなネット社会になじんでいる現代青年にとって、SNS は日常生活に欠かせないツールとなっている。SNS には、他者が掲載した情報や写真を気軽に評価する機能があり、そこで若者は高く評価されることを求める。「インスタ映え（ばえ）」は、自我同一性の不安定な青年にとって簡単に承認を得るためのツールとして欠かせないものとなっているのである。しかし、ネットでの評価はクリック 1 回の単純な作業であって、かりそめの評価にすぎない。その点数で自分の承認欲求が満足されることは決してないため、評価されることにますます過剰になっていくのではないだろうか。

　さて、現代青年の友人関係のあり方は、①関係の希薄さ（対人関係からの退却）、②見かけのノリの良さ（群れ）、③やさしさ（傷つけられる・傷つけることへの恐れ）の 3 点によって特徴づけられる（岡田, 2010）。青年は、自己評価ではなく他者評価によって自我同一性を確立しようとするために、他者を過剰に意識せざるを得ない。そこで、たとえ「道化役」であっても、周囲から期待された役割を裏切らないように、ノリ良く、明るく軽く振る舞い続けることを求められる。それが若者にとっての「コミュ力（りょく）」であり、どこに行くのも何をするにも友人と一緒でなければならない。「便所飯（べんじょめし）」は、友人のいないさびしい人間だと思われないようにするために、1 人で食事をするときの苦肉の策なのである。

　そして、友人同士だからこそ、傷つけ、傷つけられることを恐れ、お互いに場の「空気」を敏感に読み取らなければならない。もしも、そのような気を遣えないならば「KY（空気を読めない）」として関係性を避け、グループから「はずす」。だが、気を遣う対象は身のまわりの友人に限定され、友人でない他者、見知らぬ他者には気が付かず無視を決め込んで、マナーに欠けるような行為も平然と行ってしまう。青年の「やさしさ」は狭い人間関係の中での自己中心的なものにすぎず、他者本位の「優しさ」や「気遣い」とは限らないのではないだろうか。

引用文献

Erikson, E. H.（1959）. *Identity and the life cycle*. International Universities Press.
（エリクソン, E. H.　西平直・中島由恵（訳）（2011）.　アイデンティティとライフサイクル　誠信書房）

Evereth, P. B., & Tanner, J. M.（1976）. *Worldwide variation in human growth*. Cambridge：Cambridge University Press.

日野林俊彦（2014）.　性的発達　日本青年心理学会（企画）後藤宗理・二宮克美・高木秀明・大野久・白井利明・平石賢二・佐藤有耕・若松養亮（編集）　新・青年心理学ハンドブック　福村出版　pp. 149-160.

平石賢二（2008）.　思春期・青年期のこころ――かかわりの中での発達　北樹出版

Holland, J. L.（1997）. *Making vocational choices : A theory of vocational personalities and work environments*（3rd ed.）Psychological Assessment Resources.
（ホランド, J. L.　渡辺三枝子・松本純平・道谷里英（訳）（2013）.　ホランドの職業選択理論――パーソナリティと働く環境　雇用問題研究会）

Hollingworth, L. S.（1928）. *The psychology of the adolescent*. New York：Appleton.

髙坂康雅（2013）.　青年期における "恋人を欲しいと思わない" 理由と自我発達との関連　発達心理学研究, **24**, 284-294

厚生労働省（2010）.　ひきこもりの評価・支援に関するガイドライン

厚生労働省（2019）.　新規学卒就職者の離職状況（平成28年3月卒業者の状況）

松井豊（1990）.　友人関係の機能　斎藤耕二・菊池章夫（編著）社会科の心理学ハンドブック　川島書店　pp. 283-296.

宮下一博（1995）.　青年期の同世代関係　落合良行・楠見孝（編）講座生涯発達心理学：4 自己への問い直し――青年期　金子書房, pp. 155-184.

宮下一博（2010）.　大学生のキャリア発達――未来に向かって歩む　ナカニシヤ書店

文部科学省（2019）.　学校保健統計調査

内閣府（2019）.　生活状況に関する調査報告書

日本性教育協会（編著）（2007）.　「若者の性」白書――第6回青少年の性行動全国調査報告　小学館

日本青少年研究所（編）（2002）.　高校生の未来意識に関する調査――日本・アメリカ・中国比較報告書　日本青少年研究所

大野久（1995）.　青年期の自己意識と生き方　落合良行・楠見孝（編）　講座生涯発達心理学：4 自己への問い直し――青年期　金子書房　pp. 89-123.

岡田努（2010）.　青年期の友人関係と自己――現代青年の友人認知と自己の発達　世界思想社

小此木啓吾（1978）.　モラトリアム人間の時代　中央公論社

Rousseau, J.-J.（1762）. *Émile, ou De l'éducation*.
（ルソー　今野一雄（訳）（1962, 1963, 1964）.　エミール　上・中・下　岩波書店）

齊藤誠一（2014）．　身体的発達　日本青年心理学会（企画）後藤宗理他（編）　新・青年心理学ハンドブック　福村出版　pp.138-148

下村英雄（2014）．フリーター・ニート　日本青年心理学会（企画）後藤宗理他（編）新・青年心理学ハンドブック　福村出版　pp.562-572.

総務省（2019）．労働力調査

Super, D. E.（1957）．*The psychology of careers.* New York : Harper.
（スーパー，D. E.　日本職業指導学会（訳）（1960）．職業生活の心理学——職業経歴と職業的発達　誠信書房）

鶴田和美（編）（2001）．学生のための心理相談——大学カウンセラーからのメッセージ　培風館

考えてみよう

. . . .

⑴　青年期の発達について、自我同一性の確立の点から論述してみよう。

第Ⅱ編

「学習」の理解

本章のポイント

　人の行う学習は非常に幅広い。英語の勉強を
して新しいフレーズを覚えることも学習であり、
シュート練習をしてゴールに入る確率が上がる
ことも学習である。さらには勉強をしようとこ
の教科書を開くことも、イルカがショーを披露
するのも学習の結果である。一見、これらは互
いに関係のない行動のように思えるが、どれも
学習のしくみによって獲得された行動である。
本章では、レスポンデント条件づけとオペラン
ト条件づけと呼ばれる2つの学習を中心に、人
や動物が行っている学習を概観する。

1 学習の考え方

A 学習とは

　「学習」という言葉は日常生活では「勉強」と同じように使われることが多い。しかし、心理学の「学習」は、過去の経験によってその後の行動が永続的に変わることを指している。たとえば、練習によって車の運転が上達することも、親に叱られた子が電車で大人しく過ごせるようになることも学習の1つである。また、学習は人の行動に特有のものではなくミミズや魚、イヌといった動物にも起こる。水族館のイルカが芸を覚えるのも学習の結果である。

B 学習と行動主義

　学習を理解するうえで欠かせないものが行動主義の考え方である。行動主義というのは、心理学の研究対象を客観的に観察することができる行動に限定するという立場を指す。この考えは、アメリカの心理学者ワトソン（Watson, J. B.）によって広められたものであり、知覚等の意識内容を研究していた従来の心理学とは考え方が異なるものであった。行動主義のもと、心理学は行動とその変化の関係を明らかにしようとする学習心理学が主流となった。現在では、再び人の意識や内的な心理過程も心理学の研究対象となっている。

C 行動の種類

　学習心理学で扱う行動は多岐にわたる。唾液の分泌や、まばたきといった単純な反応から学校へ行くといった複雑なものまで、すべてが行動として取り扱われる。

　行動にはいくつかの種類があり（図5-1）、生得的行動と習得的行動の2種類に大きく分けられる。生得的行動は遺伝によって決められた生まれつき備えている行動であり、同じ種の動物は同じ生得的行動を持っている。一方、習得的行動は経験によって身についた行動であり、同じ種の生物であっても異なる。

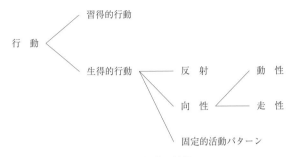

図 5-1　行動の種類

　生得的行動はさらに反射と向性、固定的活動パターンに分けられる。反
射は人や動物に共通して見られる行動で、特定の刺激に対して特定の行動
（反応）を生じさせる。刺激というのは生物体の感覚器を興奮させるもの全
般を指す。たとえば膝蓋腱反射では、膝下の打撃という刺激によって脚の
伸展という行動が生じる。向性は昆虫等に見られる行動で、走性と動性が
含まれる。蛾が光に向かっていくように、特定の刺激に接近または回避す
る行動が走性である。一方、動性は特定の状況下での活動性の変化のこと
を指す。湿気を好むワラジムシは乾燥した場所では活動性が上がり、湿度
の高い場所では活動性が下がることで、結果的に湿度の高い場所に長くと
どまることになる。

　固定的活動パターンは、反射や向性に比べ複雑な生得的行動を指す。リ
スが木の実を土に埋める行動は固定的活動パターンの１つであり、リスは
穴を掘って穴に木の実を押し込んで土を被せるという一連の行動を示す。
この行動は生後すぐに他のリスから隔離されたリスでも観察されるため、
他のリスから教わらなくても備わっている行動であることがわかる。さら
に、一度行動が始まると、一連の行動をすべて完了するまで続けられ、た
とえ飼育箱の床がコンクリート製で穴を掘れなかったとしても、木の実を
押し込み、土を被せようとする動作が行われる。この事実は、随意的に行
っているように見える複雑な行動が、生得的に備わった行動であることを
示している。

2 馴化と鋭敏化

　生得的行動は刺激によって引き起こされるが、繰り返し刺激を与えられることで行動の起こりやすさ（頻度）と行動の大きさ（強度）は変化する。

　たとえば、急に花火等の大きな音がすると驚くが、その音が何度も続けて聞こえると最初に聞こえたときに比べ驚かなくなってくる。このように同じ刺激が繰り返されることで行動の頻度と強度が低下する現象を馴化という。しかし、馴化が生じると二度と反応しなくなるわけではない。花火の音に馴化したとしても急にサイレンの音が聞こえると驚いてしまい、その後は再び花火の音に驚くようになる。これを脱馴化という。

　一方、大きな地震に驚いた直後は、普段は気にならないような小さな余震にも驚いてしまう。このように経験により行動の頻度や強度が増加することは鋭敏化と呼ばれる。刺激を経験した後、馴化が生じるか鋭敏化が生じるのかは、刺激の強さ等によって影響を受ける。刺激が強いときには鋭敏化、刺激が弱いときには馴化が生じることが多い。馴化と鋭敏化は学習の1つである。

3 レスポンデント条件づけ

　ロシアの生理学者パブロフ（Pavlov, I. P.）はイヌの消化腺の研究から、刺激が先天的には生じない反射を誘発するようになることを発見した。この現象はレスポンデント条件づけ（または古典的条件づけ）と呼ばれる。

　イヌの口に餌が入ると、唾液分泌される。これは、餌を刺激として唾液分泌という反射が起こるためである。学習の研究では反射を生じさせる刺激を無条件刺激（unconditioned stimulus：US）、無条件刺激によって誘発される行動を無条件反応（unconditioned responses：UR）と呼ぶ。これに対して、無条件反応を先天的に誘発しない刺激は、本来はその反応に無関係な中性刺激（neutral stimulus）と呼ばれる。レスポンデント条件づけでは、ベルを鳴

らしながら餌を与えるというように無条件刺激と中性刺激をセットで提示する対提示を繰り返す。すると、ベルの音だけで唾液が分泌されるようになる。このとき、ベルの音が唾液分泌を引き起こすという新しい刺激と反応の組み合わせの学習が成立したといえる。このときのベルの音は、条件刺激（conditioned stimulus：CS）と呼ばれ、条件刺激によって引き起こされるようになった唾液分泌を条件反応（conditioned stimulus：CR）と呼ぶ。このようにレスポンデント条件づけは、無条件刺激と条件刺激の対提示を繰り返すことで、条件刺激が条件反応を引き起こすようになる学習をいう。

A　ワトソンのアルバート坊やの実験

　レスポンデント条件づけは感情にも大きく関わっている。ワトソンとレイナー（Watson & Rayner, 1920）はアルバートという名の乳児にレスポンデント条件づけの実験を行った。乳児は背後で大きな音が鳴ると泣き出す。すなわち、大きな音が無条件刺激で、泣くという恐怖反応が無条件反応であった。ここで条件刺激として白ねずみを、無条件刺激である大きな音と対提示する。この訓練を繰り返すと、アルバート坊やは白ネズミを見ただけで泣き出すようになってしまった。このことは、人の恐怖の感情もレスポンデント条件づけにより学習されていることを示している。

B　般化と分化

　レスポンデント条件づけの実験では、無条件刺激と条件刺激を提示して、条件刺激が条件反応を引き起こすようになるまで繰り返し訓練が行われる。獲得された条件反応は、訓練で使われた条件刺激だけに起こるのではなく、類似する刺激には反応する般化が生じる。そして、般化による反応は、訓練に利用された刺激に類似するほど大きくなる。ベルの音と唾液の分泌が学習されたとすると、訓練で使われたベルの音に近い高さの音には条件反応が大きく、音の高さが異なるほど条件反応は小さくなる。アルバート坊やも白ねずみに似たウサギやイヌ等にも恐怖反応を示していたことが知られている。

　しかし、訓練で使用した高さの音を提示するときだけ無条件刺激を提示し、その他の音には無条件刺激を与えないように訓練をすると、訓練した

音にだけ条件反応を示す分化が起こるようになる。

C 条件刺激のタイミング

　条件刺激と無条件刺激の提示方法は複数あり（図5-2）、レスポンデント条件づけが獲得されるには、無条件刺激と条件刺激をどのようなタイミングで提示するかが大きく影響する。特に、条件刺激と無条件刺激が時間的に近接したタイミングで提示されることが重要である。短い延滞条件づけでは、無条件刺激（餌）を提示する数秒前から条件刺激（ベル）を提示し続ける。一方、長い延滞条件づけでは、ベルをしばらく鳴らし続けベルを止める前に餌を提示する。この2つの条件づけでは、短い延滞条件づけの方が条件反応が素早く獲得される。しかし、無条件刺激を提示する数秒前に条件刺激を提示するが、餌が提示される前に条件刺激は止められる痕跡条件づけは、長い延滞条件づけよりもさらに条件反応が獲得されにくい。延滞条件づけでは、条件刺激と無条件刺激が一時的に同時に存在していることがレスポンデント条件づけを促進させていると考えられている。

　これら3つの方法はすべて、条件刺激が無条件刺激に先行して提示されているものであった。これに対して同時条件づけでは、ベルの音と餌が同じタイミングで提示される。また、逆行条件づけでは、先に餌を与えてからベルの音を鳴らす。同時条件づけと逆行条件づけは、条件刺激と無条件

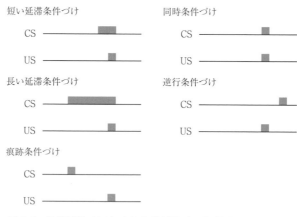

図5-2　条件刺激（CS）と無条件刺激（US）提示のタイミング

刺激の提示が時間的に近接しているが、これらの方法では条件反応が弱くなる。これらのことから、レスポンデント条件づけの獲得には、刺激の提示順序も関わっていることがわかる。

D 味覚嫌悪学習

何らかの飲食物を摂取したあとで気分が悪くなると、飲食物が原因で気分が悪くなったわけでなくても、その飲食物を口にするだけで気分が悪くなってしまうようになることがある。これもレスポンデント条件づけの1つで味覚嫌悪学習という。味覚嫌悪学習の場面では、飲食物の味という条件刺激と、気分が悪くなる原因という無条件刺激が対提示されている状況で、気分が悪くなるという無条件反応が生じていることになる。その結果、レスポンデント条件づけにより、味覚という条件刺激が気分が悪くなるという条件反応を引き起こすようになってしまったのである。

味覚嫌悪学習は、一般的なレスポンデント条件づけとは異なる特徴を持っている。通常のレスポンデント条件づけは、条件刺激と無条件刺激を繰り返し提示し、何度も訓練をすることで獲得されるのに対して、味覚嫌悪学習は1回の経験で条件づけが成立する。また、条件刺激が提示されてから無条件反応が生じるまで時間を要したとしても、味覚嫌悪学習が成立することがある。つまり、食事をしてから数時間後に具合が悪くなったとすると、痕跡条件づけの事態と同じである。反射を条件反応とする痕跡条件づけでは、無条件刺激と条件刺激の間隔が数秒空いただけで獲得されなくなる。しかし、味覚嫌悪学習は、刺激間に数時間の遅延があっても学習されることが少なくない。

E レスポンデント条件づけの消去

レスポンデント条件づけは一度形成されると長期間持続する。すなわち、一度レスポンデント条件づけが獲得されると条件づけの影響を受け続けることになる。

レスポンデント条件づけを消すためには特別な実験手続きが必要であり、この手続きを消去と呼ぶ。消去の手続きでは条件刺激だけを与え、無条件刺激を与えずに訓練を行う。ベルの音と餌を提示することで、ベルの音と

唾液分泌が学習されているのであれば、ベルの音のみを聞かせ訓練を行う。消去の訓練では、被験体は特徴的な反応を示す。消去訓練の初めは、条件刺激に対して条件反応が見られる。この条件反応は訓練回数とともに徐々に低下していく。しかし、翌日再び消去の訓練を行おうと条件刺激を提示すると、条件反応が再び現れる。このように消去をしても条件反応が回復してしまうことを自発的回復という。

F　日常生活におけるレスポンデント条件づけ

　学習心理学では人の感情反応もレスポンデント条件づけにより生じるようになると考えている。たとえば、注射器を持った医師を見て泣き出してしまう子どもは、注射の痛みという無条件刺激に対して生じる泣くという無条件反応が、注射器を持った医師という条件刺激によっても引き起こされるようになったのである。

G　系統的脱感作

　不安や恐怖等の感情反応がレスポンデント条件づけによる場合は、系統的脱感作という方法により改善することができる。たとえば犬への恐怖に対する系統的脱感作では、まず対象者にリラックスしている状態を意識させる。次に、リラックス状態で犬を想像させる。これを繰り返すと、犬を条件刺激、リラックス状態を条件反応とする新たなレスポンデント条件づけが形成され、犬を見たときの恐怖反応が減少していく。

4　オペラント条件づけ

　オペラント条件づけでは、人が自発的、随意的に行う、より複雑な行動の学習を扱う。

A　ソーンダイクの問題箱

　ソーンダイク (Thorndike, E. L.) は、問題箱と呼ばれる小さな箱にネコを入

れて実験を行った。問題箱にはさまざまな仕掛けがしてあり、たとえば箱の中に下がっている紐を引くと扉が開くようになっていた。問題箱の前には食べ物が置いてあり、ネコが正しい行動をとれば食べ物にありつける。空腹のネコを箱に入れると、ネコはいろいろな行動を試しているうちに紐を引っぱりドアを開け、食べ物を得ることができた。その後同じネコを使って何度も同じ実験を行うと、脱出までにかかる時間が飛躍的に短くなっていった。

　このような学習が起こる理由をソーンダイクは次のように解釈している。問題箱という状況下で紐を引くという行動をとった結果、ネコは食べ物を得て満足が生じた。そのため再び同じ状況に置かれると以前満足が生じた行動がとられやすくなる。すなわち、状況と満足が生じる行動との間に連合が作られ、脱出する時間が短縮されたのである。このように、何らかの結果を得るための行動をオペラント行動という。オペラント行動は行動の機能を指しているため、前足で紐を引いても鼻で紐を引いても同じ行動とみなす。そしてオペラント行動の頻度が増える学習を効果の法則と呼んだ。ソーンダイクの問題箱では、紐を引くというオペラント行動が学習されたことになる。

B　スキナーとスキナー箱

　ソーンダイクの問題箱は、一度ネコが箱の外に出ると実験が終わってしまいどれくらい早く箱から出たかしかわからないという欠点があった。そ

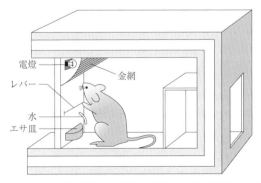

図5-3　スキナー箱（Skinner, 1938，鎌原・竹綱，2005 より作成）

こで、スキナー（Skinner, 1938）はスキナー箱と呼ばれる装置を作成した（図5-3）。スキナー箱にはレバーと給餌装置がつけられており、レバーを押すと給餌装置が動き少量の餌が与えられる。スキナー箱は1回の実験でオペラント行動を何度も行わせることができるため、オペラント行動の頻度の変化を研究することができるようになった。オペラント条件づけとは、オペラント行動の頻度の変化のことをいう。

C　弁別と刺激性制御

　スキナー箱にネズミを入れると、ネズミがレバーを押し餌を得ようとする。その際に、スキナー箱のレバーの上にランプを設置して、ランプが点灯しているときにレバーを押した場合にのみ餌を与えるようにする。すると、徐々にネズミはランプがついているときはレバーを押すようになるが、ランプが消えているときはレバーを押さなくなる。このようにランプがオペラント行動が生起するかどうかを決めており、弁別刺激と呼ばれ、このような行動の制御を刺激性制御という。

D　三項随伴性

　オペラント行動では三項随伴性が学習される。三項随伴性とは、弁別刺激とオペラント行動とその行動の結果の組み合わせを指す。スキナー箱の実験ではランプの点灯が弁別刺激、レバーを押すことがオペラント行動、レバーを押す行動の結果（餌が与えられること）が三項にあたる。初めてスキナー箱に入れられたネズミは、箱の中ではランプが点灯しているときに、偶然レバーを押すことで食べ物を食べられるという結果が得られる。これを繰り返すことで先行する弁別刺激（ランプ）、オペラント行動（レバーを押す）、行動の結果（餌が得られる）の連合が形成される。

E　強化と強化子

　オペラント条件づけにより行動の頻度が増えることを強化といい、強化が生じるときに行動の後で起こった出来事を強化子という（強化刺激と呼ばれることもある）。強化の方法は強化子の種類によって2種類ある。食べ物が与えられるといったように何かが出現することが強化子となっている場

合には正の強化子という。ソーンダイクの問題箱の実験の食べ物の出現は正の強化子であり、正の強化子により行動が増えることを正の強化と呼ぶ。

　一方、何かが消失することが強化子となっているときは負の強化子という。たとえば、試験が不安な生徒が勉強をしたことで不安が解消され、勉強を続けるようになったとする。勉強をすることがオペラント行動であり、不安の解消が負の強化子である。負の強化子により行動が増えることは負の強化と呼ぶ。

F　強化スケジュール

　オペラント条件づけも、レスポンデント条件づけと同様にどのタイミングで強化子が与えられるのかによって学習の効率が異なる。強化子を与えるタイミングを強化スケジュールといい、大きく連続強化スケジュールと部分強化スケジュールに分けられる。

　連続強化スケジュールでは、オペラント行動を行ったら必ず強化子が与えられる。教育場面であれば、生徒が宿題を提出したら必ずシールをあげて強化する。

　部分強化スケジュールは決められた反応数や時間間隔で強化子を与える方法であり、次の4つのパターンに分けられる（図5-4）。固定比率スケジュールでは、10回に1回餌が与えられるというように一定の反応数ごとに強化子が提示される。変動比率スケジュールも反応数が基準となっているが、強化される反応数は平均して10回目というように何度目に強化され

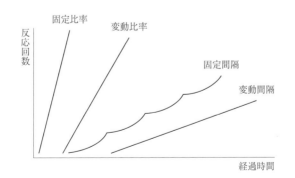

図5-4　部分強化スケジュールと学習効率

るかわからない。比率スケジュールでは一定のペースで反応するため、反応回数は時間とともに増加する。一方、時間を基準に強化を行うスケジュールのうち、たとえば30秒に1回と決めて定期的に強化子を与えるものを固定間隔スケジュールという。アルバイト等の給与は固定間隔スケジュールで与えられる強化子にあたる。固定間隔スケジュールでは強化子が与えられた直後は反応が起こりにくく、強化子が得られる直前に反応が増加する。変動間隔スケジュールは強化子を与える平均の時間間隔が決まっており、30秒であれば平均して30秒経過後に強化される。変動間隔スケジュールでは等間隔で反応が起こる。

G 消去

オペラント条件づけも、レスポンデント条件づけと同様に、一度形成された学習を消去することができる。消去の手続きでは、反応に対して正の強化子を与えない。消去手続きが中断されると次の訓練時にはオペラント行動が生じる自発的回復が起こるが、消去手続きを繰り返すと反応は学習前の水準まで低下する。しかし、他の行動をとっても強化子が得られないと再び以前強化されたオペラント行動が生じるため、強化された行動が完全に忘れ去られるわけではない。

H 弱化（罰）と弱化子（罰刺激）

オペラント条件づけは行動を増やすだけでなく、行動を減らす弱化（あるいは罰）が生じる。弱化が生じるときに行動の後で起こった出来事を弱化子（あるいは罰刺激）といい、何かが出現して弱化させる場合を正の弱化子、何かが消失して弱化させる場合を負の弱化子と呼び区別する。電車の中で騒いだ子どもが親に怒られて大人しくなることは、騒いだ結果叱責の出現によって騒ぐ行動が低下するという正の弱化が生じている。一方、電車で騒いだ子にゲームで遊ぶことを禁止した結果、次から大人しくなったとすると、ゲームが消失するという負の弱化子によって負の弱化が生じたことになる。

ただし、行動の後で起こった出来事が強化子となるのか弱化子となるのかは行動の頻度の変化によって決まることには注意を要する（表5-1）。も

表5-1　オペラント条件づけの一覧

	正 刺激が提示される	負 刺激が消失する
反応が増加する 強化	正の強化 正の強化子 褒められて家事を手伝う	負の強化 負の強化子 補習を避けるため勉強する
反応が減少する 強化	正の弱化 正の弱化子 怒られたため騒がなくなる	負の弱化 負の弱化子 ゲームを没収されるので騒がなくなる

し騒いでいる子どもを静かにさせようと叱ったとしてもより騒ぐようになったのであれば、叱られることは強化子になっている。一見、叱責は嫌悪刺激のように思われるが、子どもが構ってもらっていると捉えているような可能性も考えられる。

　しかし、教育の場において体罰などの嫌悪刺激を使用することには注意が必要である。嫌悪刺激を与えることは弱化につながりやすく、即効性もあることから、しつけ等の場面で問題行動の制御に用いられやすい。一方で、嫌悪刺激は大きな副作用をもたらす。激しい叱責のような強い嫌悪刺激は制御しようとした問題行動だけではなく、問題行動以外の行動にも弱化がおよび、自発的に行動しなくなってしまうことがある。一方で、いじめを注意したことでいじめがエスカレートするように、弱い嫌悪刺激は問題行動を以前より過剰に引き起こす場合がある。このため、問題行動に対処するためには嫌悪刺激による弱化ではなく、望ましい行動を強化する方法が推奨されている。

　さらに、嫌悪刺激は不快な感情という無条件反応を伴うことからレスポンデント条件づけも生じる。たとえば、叱責により生じた恐怖と学校という環境にレスポンデント条件づけが起こると学校を恐れるようになり、その恐怖を消失させようと学校を回避する行動が強化される。また、どのような場合に嫌悪刺激が与えられるのかが曖昧な環境では、条件反応が持続し暴れるといった行動をとる実験神経症になることが犬の実験から明らかになっている。人に置き換えて考えると、何が叱責されているかが曖昧な環境では子どもが持続的な恐怖感を抱いたり、問題行動が増加するといっ

たことにつながる可能性が考えられるだろう。

I オペラント条件づけの具体例

　人が日常行う行動も学習の結果であると考えられる。家事の手伝いをして褒められた子や宿題を提出して先生にシールを貰った生徒が、その後手伝いや宿題を継続できるようになるのは正の強化である。一方、体育や音楽等の授業で課題に失敗して友達からからかわれてしまった生徒がその授業に消極的になってしまうのは正の弱化にあたる。このように、人が意識しなくても行動はオペラント条件づけにより強化、または弱化を受けているのである。

5 その他の学習

A 観察学習

　オペラント条件づけは、生物が行動と行動の結果を経験することで三項随伴性が学習されていた。しかし、学習は他の個体の行動を観察することでも獲得することができる。観察対象はモデルと呼ばれ、観察をするとモデルの行動を真似る模倣学習が行われる。

　バンデューラ（Bandura, 1965）は、大人が風船人形をたたいたり蹴ったりする映像を幼児に見せ、その後どのような行動をとるのかを調べた。幼児に見せた映像は3種類あり、1つは人形に暴力をふるったところで映像が終わる。残りの2つには続きがあり、一方は暴力をふるった大人が別の大人に暴力をふるったことを褒められており、暴力が強化されるような映像になっている。他方は、暴力をふるっていた大人が別の大人に怒られているという行動の弱化につながるものであった。その後映像と同じ人形のいる部屋に幼児を連れて行くと、幼児は映像で大人がしていたように人形に攻撃を加えており、幼児は暴力行動を観察することで模倣学習してしまうことがわかる。

　しかしこの実験の結果はそれだけではなく、暴力をふるった大人が叱ら

れる映像を見た幼児は他の映像を見た幼児よりも暴力行動の模倣が少ない
ことが明らかになった。これは観察では模倣学習が行われるだけではなく、
行動とその結果も含めた学習が行われていることを示唆するものであった。
モデルに対する弱化子が観察者の行動を低下させることを代理罰という。
これとは逆に、モデルに対する強化子が行動を増加させることは代理強化
と呼ばれる。このように観察を通じてオペラント学習が生じることが観察
学習である。

B　運動技能の学習

　練習をすることでスポーツや楽器の演奏といった運動を伴う技術が向上
することも学習の1つである。アダムス（Adams, 1971）は、運動技能の学習
は言語 − 運動期と呼ばれる段階から始まり、運動期に移行すると考えてい
る。言語 − 運動期の学習者はどのように運動するのが適切であるのかにつ
いてわかっておらず、誤った運動との区別がついていないため、教師やコー
チからのフィードバックが重要になる。フィードバックは結果の知識と
呼ばれ、結果の知識を利用して運動を修正していく。訓練を繰り返すと、
学習者は知覚痕跡と呼ばれる過去の運動の経験が構築され運動期に移行す
る。この段階では、自分の運動が適切であったかどうかを判断することが
できるようになっており、技能の精度の訓練が行われる。

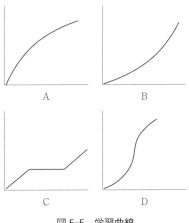

図 5-5　学習曲線

　技能の獲得に伴う学習の過程をグラフに表したものを学習曲線という。この曲線の横軸は練習回数や練習時間であり、縦軸はパフォーマンスである。学習の進行には典型的なパターンが存在する（図5-5）。技能を習得する能力が十分にある場合に図5-5Aのように学習の初期にパフォーマンスが急に向上し、徐々に練習の効果が緩やかになっていく学習過程をたどりやすい。一方、学習の初めは能力が追いついていない場合、図5-5Bのように練習の初期はなかなかパフォーマンスが向上しないが練習を繰り返すことでその効果が大きくなっていく。また、練習の過程で、図5-5Cのように練習の効果が見られなくなるプラトーが生じることがある。図5-5Dは最初は緩やかであった学習の効果が一時急に上達し、再び緩やかになっていることを示しており、子どもで見られやすい。

C　洞察

　問題解決の場面では突然、解決策がひらめくことがある。ひらめきは洞察と呼ばれ、ケーラー（Köhler, 1921：宮訳 1962）はチンパンジーが洞察により問題解決ができることを示した。この実験では、チンパンジーの入っている檻の外にバナナと長い棒が置いてある。檻の中には短い棒が入っており、バナナに手が届かないチンパンジーは短い棒を使ってバナナを取ろうとするが、それでも届かない。すると、チンパンジーは急に短い棒で長い棒を引きよせ、長い棒に持ち替えてバナナを取ることに成功したのである。チンパンジーは過去にこの問題を経験したことはなかったため、突然解決に至ったことになる。このように解決策がひらめくことを洞察と呼んだ。一見新たにひらめいたように見える解決策であっても、過去に棒を使った経験があったというような過去の行動の影響の可能性も指摘されている。しかし、洞察が創造性に関係しているという説も提案されている（第8章）。

■■ **コラム** ■■　**シェイピングと動物**

　サーカスでクマが自転車に乗ったり、水族館ではイルカやアシカがショーを披露したりしている。このような芸はオペラント条件づけにより訓練されたものである。芸が終わると与えられる食べ物が強化子となっている。

しかし、ショーで動物の行う複雑な芸は、問題箱で紐を引く行動と異なり、偶然生起する可能性は非常に低い。問題箱ではたまたま行った行動に対して強化子を与えることで学習が形成されたが、偶然起こりえない芸は人間が教えていかなければならない。

このような場面で使われるのがシェイピングの手続きである。シェイピングでは、目標とする芸に近い行動を取ったら強化をしていく。たとえば、アシカにボールを投げる芸を覚えさせようとするなら、はじめはボールに接近したら強化子を与えるようにする。この訓練を繰り返しボールに接近する行動が強化されたら、今度はボールに少しでも触れたら強化子を与えるようにしていく。その次は鼻先でボールに触れたら、次はボールを浮かせたらというように徐々に目標とする芸に近づけるように強化子を与える基準を厳しくしていく。この手続きによって、動物が通常行わないような行動を学習させることができるのである。

引用文献

Adams, J. A. (1971). A closed-loop theory of motor learning. *Journal of Motor Behavior*, 3, 111-150.

Bandura, A. (1965). Influence of model's reinforcement contingencies on the acquisition of imitative responses. *Journal of Personality and Social Psychology*, 1, 589-595.

鎌原雅彦・竹綱誠一郎 (2005). やさしい教育心理学 〔改訂版〕 有斐閣

Köhler, W. (1921). *Intelligenzprüfungen an Menschenaffen*. Berlin : Splinger.
　　(ケーラー，W. 宮孝一 (訳) (1962). 類人猿の知恵試験　岩波書店)

Skinner, B. F. (1938). *The Behavior of organisms*. New York : Appleton Century Crofts.

Thorndike, E. L. (1911). *Animal intelligence*. New York : Macmillan.

Watson, J. B., & Rayner, R. (1920). Conditioned emotional reactions. *Journal of Experimental Psychology*, 3, 1-14.

考えてみよう

. . . .

(1) レスポンデント条件づけとオペラント条件づけの相違点を説明してみ
よう。

(2) 正の強化、負の強化、正の弱化、負の弱化それぞれの例を探してみよ
う。

本章のポイント

　新しい知識の獲得と活用は学校での学習活動の大部分を占めている。児童生徒が授業で触れた新しい情報を覚え、知識として活用できるようにするために教員はさまざまな工夫を試みている。本章では知識を獲得するための基礎となる記憶のしくみと、その働きについて、二重貯蔵庫モデルやワーキングメモリを取り上げて説明する。また、知識の基盤である長期記憶について、記憶の内容に注目した分類を示し、知識と知識以外の記憶の特徴について説明する。そして、蓄えられた記憶を必要なときに思い出せることは知識を活用するための重要な要因であることから、記憶の符号化と検索について検討した研究の知見を踏まえて、合理的な覚え方の手がかりを示す。

1 認知的な学習——連合学習との違い

　1900年代の前半に台頭した行動主義の心理学では、心理学の研究対象は客観的に観察できる行動に限定するべきだと考えられていた。したがって、行動主義のもとでは、学習は「経験の結果によって生じる永続的な行動の変化」と定義されている。つまり、学習の基本単位は条件づけによって形成される刺激と反応の組み合わせ（連合）であり、思考力や推理力を必要とする高度な学習も刺激と反応の連合に還元できると考えられていた。このような行動主義に基づいた学習観を学習の連合理論という。やがて人間の記憶、思考、理解といった認知過程を情報処理モデルで説明しようとする認知心理学が成立すると、連合理論とは異なる学習観である認知理論が台頭した。認知理論では、学習は「学習者の能動的な認知活動によって成立するもの」と定義されている。つまり、課題の構造を理解することや問題解決の方法を洞察するといった新たな認知活動が生じたときに学習が成立したと考えるのである。すなわち、連合理論における学習の本質は刺激 – 反応の連合を形成することであるのに対して、認知理論における学習の本質は能動的な認知活動である。

2 記憶の過程

A 記憶のしくみ

　記憶とは外界からの情報を保持し、必要に応じて再現する過程である。記憶のしくみは情報処理の過程にたとえて、符号化、貯蔵、検索の3段階で説明することができる（記憶の情報処理アプローチ）（図6-1）。

　記憶の第1段階は符号化である。外界から得られる情報は視覚情報や聴覚情報のようにさまざまな形態があり、そのままでは保持することができない。これらの情報を保持するためには、「意味」への変換が必要である。符号化は感覚器官から取り入れた感覚刺激を加工して「意味」に変換する

図 6-1　記憶の 3 段階

過程である。われわれが一般的に記憶と呼んでいるのは符号化された情報
そのものである。第 2 段階は貯蔵である。貯蔵とは符号化された情報（以
下、記憶とする）を使用するまで保持する過程である。この過程は数秒間の
場合もあれば、数十年におよぶ場合もある。第 3 段階は検索である。検索
とは保持されている記憶の中から目的に合致するものを探し出して再現す
る過程である。検索の方法には、保持されている記憶をゼロから思い起こ
して再現する再生と、提示された情報が既に貯蔵されている記憶と一致す
るかどうかを識別する再認がある。学校で行われる試験にたとえると、空
欄に適切な用語を自分で書き込む穴埋め問題では記憶の再生が行われ、複
数の選択肢から正しいものを選ぶ多肢選択問題では記憶の再認が行われて
いるといえる。

B　忘却と保持時間

　貯蔵された記憶は必ず思い出すことができるというわけではない。確実
に覚えたはずの公式を本番の試験では思い出せなかったという経験は誰し
も持っているだろう。このように、必要とする記憶の再現に失敗すること
を忘却という。忘却は符号化、貯蔵、検索のいずれかの段階で問題があっ
た場合に生じる。符号化してから検索されるまでの時間（保持時間）の長さ
は忘却を引き起こす要因の 1 つである。

　エビングハウス（Ebbinghaus, H.）は、無意味綴りと呼ばれる意味をなさな
い文字の綴り（たとえば、ヌサンや WUX など）を使用して、符号化からの時間
経過に伴う忘却の様子を観察した。エビングハウスは複数の無意味綴りで
構成されるリストを用意し、リストを完全に暗唱できるようになるまで覚

えた。このとき、覚えるべき無意味綴りを何度も声に出して繰り返すリハーサルという方法が使用された。リストの学習が終わると、一定の時間をあけて記憶テストを行い、覚えたリストを再び完全に暗唱できるようになるまでに要したリハーサルの回数を測定した。そして、最初に覚えたときと比較して再び暗唱できるようになるまでの回数が節約された割合（節約率）を算出した。エビングハウスは最初に覚えたときの記憶が残っているならば、再び暗唱するまでのリハーサル回数が少なくてすむと考え、節約率を忘却の指標としたのである。たとえば、最初にリストを覚えたときは10回のリハーサルが必要だったが、2回目は7回で済んだのであれば、3回分が節約されたので、30％（3/10）の記憶が残っていた（70％を忘れてしまった）ことになる。エビングハウスは時間経過と節約率の関係を図6-2のような曲線で表した。これを忘却曲線という。忘却曲線を見ると、リストを覚えた直後から1時間後にかけて急激に忘却が進み（節約率が減少し）、それ以降は忘却の進み方が緩やか（節約率がほとんど減少しない）になることがわかる。

ところで、忘却された記憶は果たしてどうなるのだろうか。忘却のしくみを説明する考え方に減衰説と干渉説がある。減衰説によると、時間の経過とともに記憶の痕跡が減衰し、最終的には消失してしまうために忘却が生じるとされている。一方、干渉説では、符号化から検索までの保持時間に行われる記憶活動によって、もとの記憶の検索が妨害されるために忘却

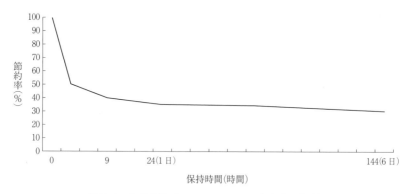

図6-2　忘却曲線（Ebbinghaus, 1885 を参考に作成）

が生じるとされている。記憶活動の中でも特に記憶の検索は忘却を引き起こす要因であると考えられる。記憶には保持されている間に何度も思い出すものと、そうでないものがある。アンダーソン（Anderson, M. C.）らによると、特定の記憶を思い出す（記憶の検索を経験する）ことによって、その記憶に類似した情報や関連のある情報の検索が抑制され、忘却を引き起こすという。このように、特定の記憶の検索経験が、後に関連した記憶や類似した記憶の忘却を引き起こすことを検索誘導性忘却（Anderson, Bjork, & Bjork, 1994）という。

3 記憶の分類と機能

日常生活を振り返ってみると、すぐに忘れてしまう記憶と長い間覚えておくことができる記憶があることに気づくだろう。たとえば、食事の予約をするためにレストランに電話をするとき、あらかじめ調べておいた電話番号は電話をかけるまでのわずかな時間だけ覚えておき、電話をかけ終わると忘れてしまう。しかし、修学旅行で友人と夜更かしをしたことのような思い出の記憶や、ディズニーランドは千葉県にあるといった知識の記憶は、思い出すまでに長い時間が経過していても忘れない。ここでは記憶の分類とその機能を説明する。

A 短期記憶とワーキングメモリ

[1] 二重貯蔵庫モデル

記憶は保持時間の長さによって短期記憶と長期記憶に分類することができる。記憶を短期記憶と長期記憶に区分して理解する二重貯蔵庫モデル（図6-3）によると、外界から入力された刺激はまず感覚記憶に貯蔵される。感覚記憶では感覚器官で受容した感覚刺激がそのままの状態で、長くても数秒程度のごく短い間だけ保持される。感覚記憶の中で注意を向けた情報だけが短期記憶に貯蔵される。短期記憶にある情報はいつでも思い出すことができる状態の記憶であるが、何もしないと30秒程で消失してしまう。

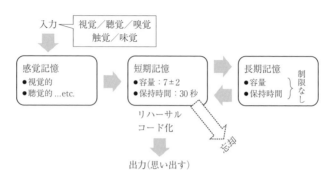

図 6-3　記憶の二重貯蔵庫モデル（Atkinson & Shiffrin, 1971 を改変）

短期記憶にある情報をできるだけ長く保持するためにはリハーサルが必要である。また、短期記憶で保持することができる情報の量には限界があり、その限界は成人の場合で 7±2 項目である（Miller, 1956）。ここでいう項目とは最も小さい意味のまとまり（チャンク）を指している。B、B、C、C、N、N、のようにランダムに提示されたアルファベットは 6 チャンクであるが、最初の 3 つと後の 3 つで区切り、BBC、CNN と放送局を意味する略語にすると 2 チャンクにすることができる。短期記憶で十分にリハーサルされて保持された情報は長期記憶に貯蔵され、長期記憶にある情報は何か月、何年と長期にわたって保持される。また、保持できる容量に限界はない。

| コラム | 二重貯蔵庫モデルを支持する根拠——初頭効果と新近効果

　保持時間や容量の異なる 2 つの記憶が存在することは自由再生法を用いた実験によって明らかにされている。複数の単語で構成されたリストを提示して学習させる。その後、提示された順番は気にせず、思い出せる順番で答えさせると、初めの方に提示された単語とテストの直前に提示された単語の再生率が高かった。初めに提示された単語の再生率が高いことを初頭効果、テストの直前に提示された単語の再生率が高いことを新近効果という。初めに提示された単語は十分にリハーサルされて長期記憶に保持されているので再生することができる。また、テストの直前に提示された単語は短期記憶に留まっているので再生することができるのである。テスト

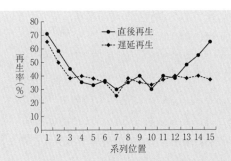

図6-4　直後再生と遅延再生における系列位置曲線
(Glanzer & Cunitz, 1966 を参考に作成)

の直前に提示された単語が短期記憶に留まっていることは、単語リストを
提示してからテストまでの間に30秒間の計算課題を実施させる遅延再生
条件を追加することで確認できる。遅延再生条件では、新近効果が消失し、
初頭効果のみが生じたのである（図6-4）。これは計算で必要な数字を覚え
ておくために短期記憶の容量を使用してしまい、直前に提示された単語の
リハーサルができなくなるために生じたと考えられる。このように初頭効
果が長期記憶を、新近効果が短期記憶を反映していると考えられている。

[2] ワーキングメモリ

　短期記憶には、一時的に保持した情報を操作する機能もある。これをワ
ーキングメモリ（Baddeley, 2000）と呼ぶ（図6-5）。

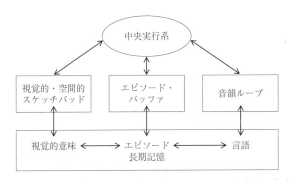

図6-5　ワーキングメモリのモデル（Baddeley, 2000 を参考に作成）

　日常生活の中には、ある事柄を一時的に覚えておかなければならない状況がある。たとえば、繰り下がりのある計算をするときには繰り下げた計算結果（大きい位の数から1を引いた数）を保持しながら残りの数を計算しなければならない。また、小説を読むときには直前の文章の内容を保持しながら次の文章を読み進めなければ物語の内容を理解することができない。ワーキングメモリは課題を遂行するために必要な記憶を活性化させた（すぐに使用できる）状態で保持しながら処理をするシステムなのである。

　バドリー（Baddeley, A. D.）の理論によれば、ワーキングメモリは音韻ループ、視覚的・空間的スケッチパッド、エピソード・バッファと呼ばれる3つのサブシステムと、中央実行系と呼ばれる制御機能によって構成されている。音韻ループでは言語的な情報の操作を、視覚的・空間的スケッチパッドは視覚的な情報や空間情報の操作を、エピソード・バッファは長期記憶にアクセスして既存の知識を活性化させる役割をそれぞれ担っている。たとえば、電話番号をダイヤルし終えるまで頭の中で繰り返し唱えておくことは音韻ループの働きであり、テーマパークの中を歩き回るときに真上から見た映像を思い浮かべるのは視覚的・空間的スケッチパッドの働きである。中央実行系はワーキングメモリの中心的な役割を担っており、課題遂行のために必要な注意力の確保やサブシステムの調整と制御を行っている。ここでいう注意力とは情報の保持や処理、課題の遂行に必要な認知的エネルギー（処理資源）を意味している。私たちが持っている処理資源には限界があるので、一度に複数の処理を行おうとすると、それぞれの処理に割り当てられる資源の量が制限される。実は、短期記憶で7±2項目が保持できるのは、音韻ループにすべての処理資源を集中させた場合だけである。パソコンを使用するときにたくさんのアプリケーションを同時に起動させると処理速度が遅くなったり、フリーズしてしまうのと同様に、認知的処理に負荷がかかる（難しい計算をする、同時にたくさんの課題を行うなど）と記憶の保持ができなかったり、操作のミスが発生する。音楽を聴きながら勉強していると、好きな歌の歌詞に気を取られて勉強の内容が頭に入らないということがないだろうか。これは歌詞を理解することに多くの処理資源を割り当て、学習した内容を覚えるために使う処理資源が不足してしまったからである。

B 長期記憶

　長期記憶はその内容を言葉で表現することができる宣言的記憶と、言葉で表現することが難しい非宣言的記憶に分けられる。宣言的記憶には学習によって身につけた知識や概念の記憶である意味記憶や、経験した出来事の記憶であるエピソード記憶が含まれる。非宣言的記憶は技能や習慣の記憶である手続き記憶を指す。

[1] エピソード記憶

　エピソード記憶は過去に経験した出来事についての記憶である。エピソード記憶には、その出来事を経験した特定の時間や場所、経験したときに感じた感情（これらを文脈という）の情報が含まれている。「修学旅行で金閣寺に行った」のような思い出はエピソード記憶の代表的なものである。エピソード記憶の中でも個人に深く関わる経験の記憶を自伝的記憶という。自伝的記憶には、懐かしいといった感情を伴って思い出されるという特徴がある。

[2] 意味記憶

　意味記憶は一般的知識（物事の定義、概念、事実など）についての記憶である。意味記憶にはエピソード記憶に含まれるような文脈の情報は含まれていない。たとえば、私たちは修学旅行や金閣寺が何かを説明することはできるが、修学旅行や金閣寺が何かということについて「いつ、どこで」覚えたのかを思い出すことはできない。

　意味記憶とエピソード記憶は異なる性質を持つ記憶であるが、知識を獲得するためにはエピソード記憶が不可欠である。現在、知識として貯蔵されている情報は、初めはエピソード記憶の一部として思い出される。「昆虫の足は6本である」という知識も、学習した直後には「理科の授業でいろいろな虫の足の数を調べた」というエピソード記憶の一部として思い出している。その後、同じエピソード記憶を繰り返し思い出していると、しだいに文脈の情報が欠落し、エピソード記憶から意味記憶に変化するのである。

[3] 手続き記憶

手続き記憶は技能や段取りの記憶である。手続き記憶の内容は言語で表現することが難しく、言語を介してその内容を他者に伝達することができない。たとえば、私たちは日頃、箸を使って食事をするが、箸の使い方を言葉で説明することは非常に難しい。手続き記憶には、箸の使い方や授業の進め方といった行動的な内容の記憶と、Lの発音の仕方や方程式の解き方といった認知的な内容の記憶がある。

4 メタ認知と記憶方略

自分に必要な情報を正しく効率的に記憶して、適切な場面で使用できるようにするには、自分の記憶や学習の状態にふさわしい記憶方略を選択しなければならない。本節では、合理的な学習と記憶の活用に必要な機能であるメタ認知と記憶方略について述べる。

A メタ認知の働き

メタ認知とは、記憶、思考、理解などの認知活動を客観的に分析し、行動を調整する機能である。メタ認知の「メタ」とは「一段上の」という意味のギリシャ語である。つまり、メタ認知は「認知についての認知」である（図 6-6）。

メタ認知はメタ認知的活動とメタ認知的知識という2つの側面で構成される。メタ認知的活動とは認知活動の状態を把握し、実際の行動を調整する働きである。たとえば、認知心理学の専門的な本を読むときに「今、自分はどれくらい内容を理解しているのか」や「どこが難しいのか」といったことを意識的に振り返るようにすると、難しいところは読み直すといった行動をとることができて、内容の理解が促進されるだろう。「自分はどれくらい理解しているか」のように自分の認知活動の状態を評価することをモニタリングという。また、「今の部分は理解できなかったので読み直そう」のようにモニタリングの結果に基づいて行動を調整することをコン

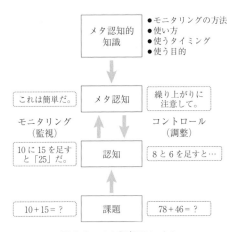

図 6-6　メタ認知のしくみ

トロールという。

　メタ認知的知識とは適切なメタ認知的活動を行うために必要な知識を指す。上述した認知心理学の専門書を読む場合で考えると、「難しい部分はそのまま読んでもわからない」や「理解できないときは少し前に戻って読み直すことも必要だ」のような学習方略に関する知識が挙げられる。また、どんなときにどの方略を使えばよいかといった条件についての知識や、どの方略をいつ使うべきかといったタイミングについての知識もメタ認知的知識に含まれる。

　認知活動には、記憶、思考、理解、推論などの多くの活動が含まれるので、メタ認知には多くの下位概念がある。「記憶できているかどうかの感覚」のような記憶に関するメタ認知はメタ記憶という。単語帳を使って英単語を覚えようとするとき、1 ページ目、2 ページ目の単語は自信を持って思い出せたが、3 ページ目になると「このページの単語は自信がないな」などと感じることがあるだろう。これはメタ記憶によって自分の記憶の状態をモニタリングしているためである。

B　覚える工夫と、思い出す工夫
[1]　意味を理解すると覚えられる──処理水準効果
　英語を学習するときに、単語の意味はとにかく暗記するしかないと考え

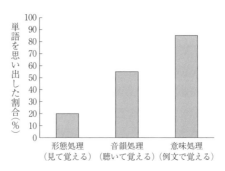

図6-7　処理水準の深さと記憶テストの成績 （Craik & Tulving, 1975 を参考に作成）

て、英単語とその意味をひたすら暗唱する人が多いようである。しかし、意味の理解が伴わない丸暗記は最も効率の悪い記憶方略である。

　クレイク（Craik, F. I. M.）とロックハート（Lockhart, R. S.）は、情報の処理は形態や音韻といった物理的処理よりも、意味に注目する意味的処理の方が情報処理の水準が深く、より深い水準の処理を行った方が長期記憶が形成されやすいと主張した（Craik & Lockhart, 1972）。単語を用いた実験で情報の処理水準が長期記憶の形成に与える影響を調べたところ、形態処理、音韻処理、意味処理の順に記憶テストの成績が良くなった（Craik & Tulving, 1975）（図6-7）。

　この実験で示されたような深い処理水準が長期記憶の形成を促進することを処理水準効果という。処理水準効果によって、情報の意味を理解することは長期記憶の形成と定着にとって重要であることがわかる。英単語を覚えるときも丸暗記ではなく、覚えたい単語で例文を作るといった意味に注目する作業を加えると、効率良く語彙を増やすことができるだろう。

[2] 思い出すときの手がかりをたくさんつける——精緻化

　図書館で自分が読みたい本を探すとき、私たちはキーワードを使って検索する。読みたい本を確実に見つけ出すためには、書名だけを入力して検索するよりも、書名と著者、書名と著者と出版された年のように複数のキーワードを組み合わせて使用した方が見つけやすい。記憶を思い出すときも同様である。思い出す際に使用できる手がかりが多いほど、その記憶は容易に思い出すことができる。たとえば、歴史上の人物である織田信長に

ついて学習するとき、「織田信長は戦国時代の武将である」と学習するよりも、「織田信長は戦国時代の武将の1人で、室町幕府を滅ぼした。後に、明智光秀に謀反を起こされ、本能寺の変で亡くなった」のように関連する情報とともに学習したほうが、後に織田信長という名前を思い出しやすくなる。このように覚えるべき項目に関連する情報を付加することを精緻化という。一見すると、情報量が多く複雑な内容を学習することは認知的処理の負荷が大きく、非効率的に思われるかもしれない。しかし、精緻化された記憶は検索する際に有効な手がかりが多く含まれており、結果的に思い出しやすい記憶になるのである（Craik & Tulving, 1975）。

　検索する際に有効な手がかりは覚えるべき項目の関連情報だけではない。覚えるべき項目の画像（イメージ）も有効な手がかりになる。たとえば、「Apple」が「りんご」であることを覚えるときは、「Apple＝りんご」と暗唱するよりも、りんごのイメージを思い浮かべながら「Apple＝りんご」と暗唱したほうが記憶に定着しやすい。このように、覚えようとする情報のイメージを思い浮かべることをイメージ化という。ある項目を覚えようとするとき、言語で提示されるよりも画像（イメージ）で提示されたほうが記憶成績が良いこと（画像優位性効果）も示されており、イメージ化は長期記憶を形成するための有効な方略であるといえる。

[3] 覚えたときと同じ状況だと思い出せる――文脈依存効果

　エピソード記憶には、その記憶を検索するときに手がかりとなる文脈の情報が含まれており、符号化時と同じ文脈が提示されると記憶の検索が容易になることが明らかにされている。ゴッデン（Godden, D. R.）とバドリーは、ダイビングのライセンスを持っている大学生に陸上か水中のいずれかで単語を覚えさせた後、覚えたときと同じ場所または異なる場所のいずれかで単語テストを行った。すると、覚えた場所とテストをした場所が同じである方が（水中で覚えて水中でテスト/陸上で覚えて陸上でテスト）、異なるときと比べて記憶テストの成績が良かった（図6-8）。

　このように符号化時と検索時の文脈が一致したときに記憶成績がよいという現象を文脈依存効果（Godden & Baddeley, 1975）という。文脈依存効果に基づいて考えると、カフェやファミリーレストランのような賑やかな場所

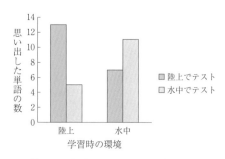

図6-8　学習時の環境とテスト時の環境の一致と再生数
（Godden & Baddeley, 1975 を参考に作成）

で試験勉強を行うことは望ましくないことがわかる。勉強して身につけた知識を思い出そうとする場所は静かで緊張感に満ちた試験場である。どんな状況で思い出したいのかを考慮し、学習環境を整える（思い出すときと同じ状況を作る）ことが適切に思い出せる記憶を形成するために重要だろう。

[4] 自分で考えたほうが思い出しやすい──生成効果

　試験に備えて授業で学習した内容と教科書の内容をまとめ、「まとめノート」を作る人は多いだろう。このように自分で考えて整理し、再構成した情報は、そうでない情報よりも思い出しやすいことが示されている。連想語、同義語、反意語をそれぞれ対にして学習させた後、記憶テストを行った。学習するときには、対になった単語を読み上げながら学習する条件（読み条件）と、対になる単語の一方は頭文字だけが提示され、学習者は頭文字

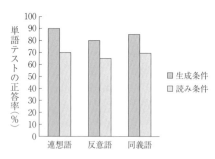

図6-9　学習方法と単語の再生率（Slamecka & Graf, 1978 を参考に作成）

に合致する単語を自分で考えながら学習する条件（生成条件）が設定された。
すると、連想語、同義語、反意語すべてにおいて記憶テストの成績は生成
条件の方が良かったのである（Slamecka & Graf, 1978）（図 6-9）。

　このように自分で考えた情報の記憶が良いという現象を生成効果という。
授業の効率をよくするために、要点をまとめた「穴埋めプリント」を利用
することがある。その場合に、教員が言った答えをそのまま書くだけでは
記憶の向上につながらない。学習した項目の記憶を定着させるには、学習
者が自分で空欄に当てはまる項目を考え出すというプロセスが必要なので
ある。

引用文献

Anderson, M. C., Bjork, R. A., & Bjork, E. L. (1994). Remembering can cause forgetting : Retrieval dynamics in long-term memory. *Journal of Experimental Psychology : Learning, Memory, and Cognition*, **20**,1063-1087.

Atkinson, R. C. & Shiffrin, R. M. (1971). The control of short-term memory. *Scientific American*, **225**, 82-90.

Baddeley, A. D. (2000). The episodic buffer : A new component of working memory? *Trend in Cognitive Sciences*, **4**, 417-423.

Craik, F. I. M. & Lockhart, R. S. (1972). Levels of processing : A framework for memory research. *Journal of Verbal Learning and Verbal Behavior*, **11**, 671-684.

Craik, F. I. M. & Tulving, E. (1975). Depth of processing and the retention of words in episodic memory. *Journal of Experimental Psychology : General*, **104**, 268-294.

Ebbinghause, H. (1885). Uber das Gedachtins : Untersuchungen zur experimentelle Psychologie. Duncker & Humblot.（エビングハウス, H.　宇津木保（訳）望月守（閲）(1978).　記憶について——実験心理学への貢献　誠信書房）

Glanzer, M. & Cunitz, A. R. (1966). Tow storage mechanisms in free recall. *Journal of Verbal Learning and Verbal Behavior*, **5**, 351-360.

Godden, D. R. & Baddely, A. D. (1975). Context-dependent memory in two natural environments : on land and underwater. *British Journal of Psychology*, **66**, 325-331.

Miller, G. A. (1956). The Magical Number Seven, Plus or Minus Two : Some limits on Our Capacity for Processing Information. *Psychological Review*, **63**, 81-97.

Slamecka, N. J. & Graf, P. (1978). The Generation Effect : Delineation of a Phenomenon. *Journal of Experimental Psychology : Human Learning & Memory*, **4**, 592-604.

考えてみよう

・・・・・・・・・・・・・・・・・・・・・・・・・・・・・・

(1) ワーキングメモリの働きについて、繰り上がりのある計算を行う過程を例に挙げて説明してみよう。

(2) 記憶の符号化や検索についての研究知見（文脈依存効果や処理水準効果）を踏まえて、教師は授業でどのような工夫をすればよいか、考えてみよう。

第 7 章

動機づけ

本章のポイント

　学習場面において、「やる気」すなわち「動機づけ」が起こるときというのはどんなときだろうか。興味のあることや好きなことを勉強するとき、資格をとるために勉強をするとき、叱られていやいや宿題をするときでは、動機づけの強さや持続性は異なるだろう。もともとやる気がなかったが、ご褒美のために頑張るということもあるかもしれない。また、「勉強しようと思っていたのに、親から勉強しなさいと言われて急にやる気をなくしてしまった」「頑張ってもなかなか結果に反映されないのでやる気が出なくなった」というような経験もあるだろう。

　本章では、こうした動機づけの起こる過程や、動機づけの強さに影響を与える要因、そして動機づけが失われた状態について解説する。

1. 動機づけとは

A 動機づけの捉え方

　動機づけとは、ある行動を引き起こし（行動の始発機能）、行動を持続させ（行動の強化機能）、結果として一定の方向に導く（行動の評価機能）心的過程のことであり、一般的に使われる「やる気」や「意欲」とほぼ同義であると考えられている。

　動機づけには、欲求（動機ともいう）という源が存在する。欲求とは、「～したい」といった身体的・心理的な状態のことである。欲求は、大きく2つに分けて考えることができる。1つは基本的欲求（一次的欲求）で、生まれつき持っている欲求である。基本的欲求には、渇きや飢え、睡眠などへの欲求や、種の保存などの欲求も含まれる。もう1つは社会的欲求（二次的欲求）で、社会生活を経験していく中で獲得する欲求のことである。社会的欲求には、よい人間関係を築きたいという親和動機や、人から認められたいという承認動機、物事を達成したいという達成動機が存在する。

　マズロー（Maslow, A. H.）は、欲求の種類を5段階の階層に位置づける、欲求階層説を提唱した（図7-1）。階層構造の下位には、生存や身の安全に関わる欲求が置かれている。最下位には「食べたい」「眠りたい」といった生理的欲求が置かれ、次に「安全で安定した暮らしがしたい」「よい健康状態を維持したい」など予測可能で秩序だった状態を得ようとする安全・安定への欲求」が位置づけられる。次に、他者との関わりに関する欲求が置か

図7-1　マズローの欲求階層説（Maslow, 1962 より作成）

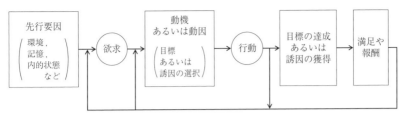

図 7-2　動機づけの過程（桜井，2001）

れ、「どこかに所属していたい」「他者から受け入れられたい」という所属
と愛の欲求や、「価値がある存在だと認められたい」「尊重されたい」とい
う承認・成功への欲求が該当する。最上部には「自分の能力を最大限発揮
したい」というような自己実現の欲求が位置している。この欲求階層説で
は、欲求は下位層から順番に優勢になっており、各段階の欲求が満たされ
ることによって、より上位への欲求が優勢になるとされている。

　こうした欲求には、それを満たすための対象が存在している。これが目
標であり、目標を達成するために、何らかの行動をとることになる。動機
づけの過程をまとめると、図 7-2 のようになる。まず、外的環境や記憶と
いった先行要因によって欲求が生じ、動機（動因）の発生によって具体的な
行動へ導かれる。目標が達成されれば、動機づけの過程が終了するが、目
標が達成されなかった場合には、目標の達成を諦めたり、目標が修正され
新たな動機づけの過程が開始されたりする。また、目標が達成された場合
でも、別の目標を設定し、動機づけの一連の過程を繰り返すこともある。

B　内発的動機づけと外発的動機づけ
[1] 内発的動機づけ

　学習に対する動機づけを捉えるとき、内発的動機づけと外発的動機づけ
の 2 つに分けて考えることが多い。内発的動機づけは、活動そのものに内
在する楽しさなどによって動機づけられ、行動自体が目的となるものであ
る。内発的動機づけに当たるものとして、新奇なものを知ろうとする欲求
である知的好奇心が挙げられる。知的好奇心は、生体の生存に直接関わる
生理的な欲求とは異なるもので、賞罰によって学習された行動ではなく、
生来的に、それ自体を目的として生じた欲求である。学習場面における内

発的動機づけとしては、知的好奇心の他、理解欲求、向上心も含まれる。このように、何か他の報酬を得るための手段としてではなく、それ自体を満たすことを目的とされた欲求を内発的動機づけと呼ぶ。

[2] 外発的動機づけ

一方で、何らかの他の欲求を満たすための手段として、ある行動をとることに動機づけられることを外発的動機づけと呼ぶ。外発的動機づけは、賞罰、強制、義務など、外部からの働きかけによってもたらされるものである。「褒められるから家の手伝いをする」「やらないと叱られてしまうから勉強をする」「うまくできないと恥ずかしいから習い事の練習をする」などがこれに当たる。行動そのものが目的となる内発的動機づけと異なり、別の目的を達成するために行動が動機づけられるのである。

[3] 動機づけに関わる心理的要因

行動や活動に興味・感心があり、活動そのものを楽しいと感じている場合には、人は長い時間、真剣にそれに取り組むことができる。しかし、試験勉強や課題など、行動そのものが楽しいとは感じにくいこともあるだろう。それでは、内発的動機づけを高めるには、どうすればよいのだろうか。

内発的動機づけに重要な心理的要因として、知的好奇心、有能感、自己決定感などが挙げられる。ブルーナー（Bruner, J. S.）の提唱した発見学習は、子ども自身に好奇心を見出させて学習への動機づけを高められることや、外発的動機づけから内発的動機づけへの移行もみられることが報告されている。有能感とは、「できるようになった」「コツがわかった」というような、自分がうまくやれるという感覚である。もし苦手な科目があっても、取り組む中で「前よりも理解できるようになっている自分」に気づくことができれば、以前よりも勉強が楽しく感じられるだろう。自己決定感とは、「外部からの強制でなく、自らの意志で決めた」「自らの判断で取り組んだ」という感覚である。教員や親など他人から指図されながら行動するのは、楽しいと思えないことが多いだろう。予定を立てたり、内容を決めたり、自律的に取り組んでいると感じられれば、内発的動機づけを高めることができる。

[4] 報酬と動機づけ

　内発的動機づけを高める他の要因として、外的な報酬が挙げられる。報酬は、与えることによってその行動が正しいというメッセージを伝えることができ、「家の手伝いをしたら褒められた。嬉しいので続けよう、頑張ろう」と動機づけを高める基本的側面を持つ。一方で、「お小遣いがもらえるから家の手伝いをするが、もらえないならやらない」など、報酬の有無によって行動がコントロールされてしまうという制御的側面も持っている。

　もともと楽しくて行動していたことに対して報酬が与えられると、内発的動機づけが低下してしまうこともある。このように、報酬によって内発的動機づけが低減することをアンダーマイニング効果と呼ぶ（undermine：弱める、損ねる）。これは、行動の目的や意味が変わってしまったことが原因であると考えられている。もともと楽しくて、自分の意志で行っていた行動が、報酬を目的とした手段としての行動になってしまう。つまり、自己決定感を損なわせ、内発的動機づけを低減させることになるのである。また、レッパー（Lepper, M. R.）らの実験では、報酬を予期させるだけでも内発的動機づけが低下することや、報酬を与えることで内発的動機づけだけでなく、課題のパフォーマンスの質が低下することも報告されている（Lepper, Greene, & Nisbett, 1973）。

　しかし、報酬が常にアンダーマイニング効果を生じさせるわけではない。報酬が内発的動機づけを高める場合もあり、これをエンハンシング効果と呼ぶ。デシ（Deci, E. L.）らの研究では、プレゼントやお小遣いのような物質的報酬と異なり、賞賛などの言語的報酬はエンハンシング効果をもたらし、アンダーマイニング効果はもたらさないことが確認されている（Deci, Koestner, & Ryan, 1999）。また、言語的報酬は物質的報酬よりも有能感や自己決定感を高めることもわかっており、内発的な意欲で行動をしているときには、物質的報酬を与えるよりも、あたたかく見守る、認めるなどの働きかけをすることが効果的だと考えられる。

　報酬を与えられる人と報酬を与える人の関係性も、内発的動機づけに影響を及ぼすと考えられている。報酬を与えられる人が、報酬を与える人によって行動がコントロールされていると思わなければ、内発的動機づけは低下しにくい。また、信頼している相手であれば、報酬を与えられること

でさらに動機づけが高まることもある。

C 自己決定理論

　動機づけは、内発的動機づけと外発的動機づけの 2 つに分類され、内発的動機づけは望ましく、外発的動機づけは好ましくないと考えられてきた。しかし、近年では、人間の動機づけを内発的動機づけと外発的動機づけの 2 つに分けることは難しいと指摘されている。特に外発的動機づけは、さまざまな内容を含むものである。たとえば、「夢や目標のために必要だから勉強する」という行動は、「先生や親に叱られるから勉強する」のと同様に、勉強そのものが目的ではなく、楽しいから勉強するわけではないため、外発的動機づけに分類される。しかし、無理矢理やらされるわけではなく、勉強に価値や意味、重要性を感じている積極的な行動であり、典型的な外発的動機づけとは区別することができる。

　ライアン（Ryan, R. M.）とデシは、マズローの理論やアンダーマイニング効果などの内発的動機づけに関する研究を統合し、自己決定理論を提唱した。この自己決定理論では、内発的動機づけと外発的動機づけが二分できるものではなく連続的なものであると考え、動機づけを自己決定性（ある行動がどのくらい自己決定的に、自律的に生じているか）の程度によって捉えている。自己決定理論では、非動機づけ、外発的動機づけ、内発的動機づけを一次元上に表している（図 7-3）。自己決定性が低い段階から高い段階に進むにつれて、行動に価値や意味を見出し、自律的、積極的になっていく。非動機づけは、自己決定性が低く、動機づけが生じていない状態で、行動は行われていない。次に自己決定性の低い動機づけが外発的動機づけである。外発的動機づけは、さらに 4 つに区分され、自己決定性が低い順に外的調整、取入れ的調整、同一化的調整、統合的調整とされる。そして、最も自己決定性が高い動機づけが内発的動機づけである。

　また、自己決定理論では、人間は、有能感、関係性、自律性という 3 つの心理的な基本欲求を持っているとされ、これらが満たされることで、内発的動機づけが促進されると考えられている。いやいや楽器を習っていた子どもでも、上達が感じられたり（有能感）、友達と一緒にできたり（関係性）、練習曲が選べるなど、先生がその子どもの意志を尊重してくれたり（自律性）

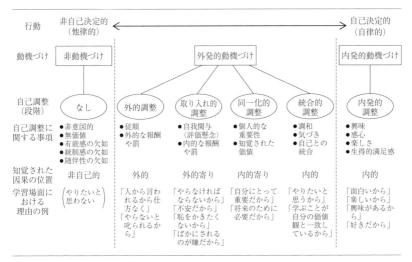

図7-3　自己決定理論における内発的動機づけと外発的動機づけの連続性
（Ryan & Deci, 2000，櫻井，2009 より作成）

すれば、徐々に内発的動機づけが高まるだろう。逆に、「〜すべきだ」「〜しないといけない」というような自律性を低下させる指示を出すと、内発的動機づけが低下することが示されている（Deci, Eghrari, Patric, & Leone, 1994）。

2　達成動機

A　期待・価値理論

　達成動機とは、社会的欲求（動機）の1つであり、「目標に向かって何かを成し遂げたい」という欲求のことである。アトキンソン（Atkinson, J. W.）は、達成動機を期待×価値によって説明する期待・価値理論を提唱した。個人の達成動機の強さが「目標を達成できるかどうか」という成功への期待と「達成によって得られるものが望ましいかどうか」という成功への誘因価を掛け合わせたもので決定されるという考えである。人がやる気になるのは、本人にとって価値があり、かつ実現できると思う事柄である。逆に、

どれほど高い価値があったとしても、達成可能性が0%だと思う対象にはやる気が出ないだろう。動機づけには、この「達成できる」という感覚が重要なのである。

B 原因帰属理論

　あることに成功したり、失敗したりしたときの原因を考えることを原因帰属という。原因を吟味することが、その後の行動や動機づけに大きく関与するといわれている。

　ワイナー（Weiner, B.）らは、達成事態における帰属の違いが、その後の感情や、課題に対する期待に影響を与え、次の行動への動機づけに影響すると考えた。そして、達成事態における成功・失敗を捉えるための原因は、原因の所在次元（内的-外的）と、安定性次元（安定的-不安定的）の2つがあるとした（表7-1）。原因の所在次元は、その原因が自分の内部にあるか、外部にあるかによって規定される（内在性次元、統制の位置次元ともいう）。たとえば、試験でよい点をとったとき、自分の能力や努力（内的）によってよい結果が得られたと考えるなら、自分の自尊心が高まり、ポジティブな感情が引き起こされるだろう。一方、試験で成功したことが、運や課題の難易度（外的）によるものだと捉えるのであれば、自信は高まらないと考えられる。安定性の次元は、その原因が、時間的に安定したものか、たやすく変化するものかによって決められる。成功を、自分の能力（安定的）に帰属すれば、次の試験でも同様に成功することが見込まれるため、次の結果に対する期待は高くなる。また、失敗を自分の能力に帰属してしまうと、今後も失敗すると思い、課題への動機づけが低下する可能性は高い。一方で、成功が運（不安定的）に帰属される場合も、次への期待は高まらないだろう。このように、原因の所在次元は感情に影響し、安定性の次元は次への期待

表7-1　ワイナーによる原因帰属の分類（Weiner et al., 1972）

	内的	外的
安定的	能力	課題の困難さ
不安定的	努力	運

表7-2　エイブラムソンらによる原因帰属の分類（数学のテストで失敗した例）
（Abramson et al., 1978）

		内的	外的
全般的	安定的	頭が悪いから（能力）	授業で習っていないところが出題されたから（課題の困難さ）
	不安定的	疲れて勉強しなかったから（努力）	13日の金曜日だったから（運）
特殊的	安定的	数学の能力がないから	数学のテストはいつも不公平だから
	不安定的	風邪をひいていて計算力が鈍っていたから	数学の問題が13問だったから

に影響すると考えられている。

　ワイナーはその後、統制可能性次元（統制可能-統制不可能）という3つ目の次元を加えた。これは、その原因が行為者によって統制可能かどうか、という次元である。たとえば先の2つの次元において、努力と気分はどちらも内的で不安定的な要因であり、同じ原因次元に位置づけることができるが、実際の内容は大きく異なっている。そこで、この統制可能性次元を取り入れることで、努力は統制可能、気分は統制不可能な要因として、異なる次元に位置づけることができる。エイブラムソン（Abramson, L. Y.）らは、原因の所在と安定性の2次元に、全般性の次元（全般的-特殊的）を加えた3次元の帰属パターンを示した（表7-2）。全般性の次元は、原因が能力や性格などのように、今直面している問題と類似した他の場面にも当てはまる一般的なもの（全般的）か、気分や苦手意識のように場面に限定的なもの（特殊的）かによって規定される。

　こうした考えを踏まえ、子どもたちに対し、失敗したときには内的で安定的な能力に帰属するのではなく、内的で不安定的な努力に帰属するようトレーニングすることで失敗に対する耐性を身につけさせるという試みが実際に行われており、一定の成果が得られている（Forsterling, 1985）。また、市川（1993）は、同じ内的で不安定な要因の中でも、努力より学習方略（どのように工夫をして勉強するか）に帰属をさせることが大切であると指摘している。

C 自己効力感

　原因帰属理論では、行動と結果の認知の重要性が強調されるものであったが、人はそれだけで動機づけられるわけではない。「毎日勉強すれば成績が上がる」などのように努力すれば成功することがわかっていても、それだけ勉強する自信があるかどうかは別である。バンデューラ（Bandura, A.）は、この2つを区別し、行動と結果の期待を結果期待、行動を起こすことができる自信を効力期待と呼んだ（図7-4）。そして、効力期待に基づいた行動に関する自信のことを自己効力感と名づけた。自己効力感が高い人は、困難に直面したときに努力することができるといわれており、難しい課題にも粘り強く積極的に取り組み、失敗への耐性が強いことがわかっている（Bandura, 1995）。また、有能感や自己効力感と、学業成績の関係を検討した研究も報告されており、自己効力感が高いグループほど学力検査および知能検査の結果が高いことが報告されている（桜井, 1987）。

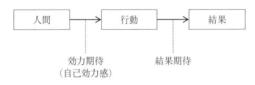

図7-4　効力期待と結果期待（Bandura, 1977）

　自己効力感を高める要因として、直接経験、観察学習、および言語的説得の3つが挙げられる。直接経験は実際に自分がその行動をしてみることで自信がつき、自己効力感を高めるのに最も有効であるといわれている。ただ、実際に直接経験ができないからこそ自己効力感を高めたいことが多く、他の人が行動しているのを観察する観察学習や、実際にできることを説得的に伝える言語的説得が重要になってくる。学校場面では、他者の行動を観察できるような場面を設けたり、教員がやればできるということを伝えたり、励ましたりすることが重要であると考えられる。

D 達成目標理論

　達成目標理論は、ドゥエック（Dweck, C. S.）らが提唱したといわれている。

彼らの理論では、人間は有能さをもとめる存在であり、有能さを実現する
ために目標を持つと考えられている。この目標が達成目標である。

　ドウェックらの達成目標理論では、学習において個人が持つ目標は2つ
に大別される。1つ目は、学習目標と呼ばれ、自分の有能さを高めるため
に「新しいことを習得しようとする目標」である。2つ目は遂行目標で、有
能さを高めるために「他者から自分の能力を高く（あるいは低くなく）評価し
てもらおうとする目標」である。個人がどのような達成目標を持つかによ
って、学習態度や努力が異なることが知られている。学習目標を持つ子ど
もは、学習それ自体に動機づけられているため、難しい問題に向かうとき
にも「やりがいがある」「こういう難しい問題が解けたらいつもよりも満足
が得られるだろう」と考え、もし失敗しても、粘り強く取り組むことがで
きるだろう。しかし、良い成績を得ることや、悪い評価を避けることが目
的である遂行目標を持つ子どもは、「間違えたら恥ずかしい」「難しそうだ
からきっとできないだろう」と考え、努力するよりも諦めてしまうと考え
られる。遂行目標を持つ子どもは、困難な課題に直面したとき、やる気を
失い、努力を放棄してしまう可能性が高い。

　ドウェックらは、達成目標の考えに知能観を加え、人間が学習目標と遂
行目標のどちらの目標を持つかは、暗黙の知能観が影響していると理論化
した（図7-5）。暗黙の知能観とは、「個人が持つ自分の知的能力（知能や能

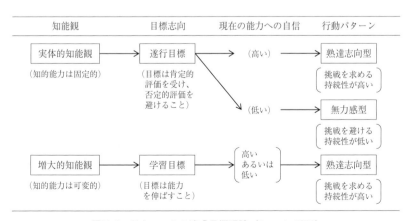

図7-5　ドウェックの達成目標理論（Dweck, 1986）

力）に対する信念」のことである。知能は生まれつき決まっているもので、努力によって変えられないという「実体的知能観」を持つ人は、自分の能力を他者が高く評価するあるいは低く評価しないように、遂行目標を持ちやすい。一方で、知的能力が柔軟で努力によって伸ばすことができるという「増大的知能観」を持つ人は、能力を発揮し、努力して新しいことを習得しようと、学習目標を持ちやすくなる。

　能力を伸ばし、学習すること自体を目標とする学習目標が理想であることは間違いない。しかし、同じ遂行目標であっても、「良い成績をとりたい」「先生や親に褒められたい」という目標を持っている子どもは、「悪い成績をとりたくない」「先生や親に叱られたくない」という目標を持つ子どもよりも内発的興味を持ちやすく、学業成績が良いことがわかっている。はじめは「褒められたい」という遂行目標を持っていた子どもが、次第に勉強する楽しさに気づき、「もっと新しい問題に挑戦したい」といった学習目標に移行する可能性もある。子どもの望ましい学習態度を導くには、親や教員は失敗した場合の恐れや不安をあおるのではなく、良い結果の獲得に積極的に向かっていくように動機づけることが重要である。

3　学習性無力感

A　学習性無力感理論

　いくら努力をしても結果が伴わないことを繰り返し経験すると、やっても無駄だと感じてしまうことがあるだろう。これを学習性無力感（learned helplessness）と呼ぶ。学習性無力感は、動物の回避学習の実験から発見された。セリグマン（Seligman, M. E. P.）とマイヤー（Maier, S. F.）の実験では、回避学習の前のセッションで、犬が回避不可能な電気ショックにさらされていると、回避可能な状態になった場合にも回避行動を起こさないことが明らかになった（図7-6）。セリグマンらは、電気ショックを回避できる状態になったにもかかわらず犬が行動を起こさなくなってしまうのは、その状況が統制不可能であることを学習したからだと考えた。このように、動

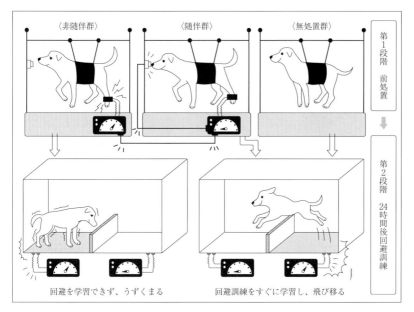

〈非随伴群〉　〈随伴群〉　〈無処置群〉

第1段階　前処置

第2段階　24時間後回避訓練

回避を学習できず、うずくまる　回避訓練をすぐに学習し、飛び移る

図 7-6　セリグマンとマイヤーの実験（Seligman & Maier, 1967, 櫻井, 2009）

物や人に統制不可能な課題を課すと、解決へのあらゆる努力が功を奏さないため、「何をしても無駄だ」という無力感が学習され、今直面している課題に対してだけでなく、その後容易に解決できる課題が与えられても、それを解決しようとしなくなる現象のことを学習性無力感という。

　こうした学習性無力感の考えによると、学習に対する動機づけが低下し、無気力になっている子どもは、もともとやる気がなかったわけではなく、過去に自分の努力が結果に結びつかない経験をしたからだと考えられる。

B　改訂版学習性無力感理論

　学習性無力感の実験は、動物から人間へと移り、教育の領域にも応用されることになった。しかし、人間を対象にした学習性無力感の実験で、解決が困難な課題に直面すると誰もが統制不可能だと認知するわけではなく、学習性無力感への陥り方には個人差があることが明らかになった。そこで、個人差を説明するために、エイブラムソンらによって原因帰属過程を取り入れた改訂版学習性無力感理論が提唱された。2節で取り上げたように、

エイブラムソンらは、原因帰属を原因の所在の次元、安定性次元、全般性次元の３つの次元から捉えている。原因帰属の個人差は帰属スタイルと呼ばれ、この帰属スタイルが学習性無力感への陥りやすさに影響する。失敗の原因を安定的で全般的なものに帰属するほど学習性無力感が生じやすい。エイブラムソンらは、原因の所在次元は自尊感情を含む感情に関連し、安定性次元、全般性次元は期待（後の無力感）に影響を与え、感情と期待の両者が抑うつを導くと指摘している。

　子どもにおける抑うつと帰属スタイルの発達に関する研究では、帰属スタイルは遺伝的あるいは生得的に規定されたものではなく、日常生活の中で少しずつ獲得されたという見解が多く報告されている。しかし、帰属スタイルの具体的な獲得メカニズムについては、学童後期に確立された帰属スタイルがそのまま青年期以降に引き継がれるかどうかについては、疑問も残っている（大芦，2004）。社会的な地位が低い者はネガティブな出来事を多く経験することから、自分を防衛するために抑うつ的な帰属を行わないということも明らかになっている。

▌▌コラム▌▌　アンダーマイニング効果

　デシは、大学生に対し、ソマパズルというパズルを用いた実験を行った（Deci, 1971）。このパズルは、形の異なる７つのブロックからなり、組み立て方によって、立方体や長椅子、飛行機、犬などのさまざまな形を作ることができた。学生たちは、パズルのできに応じて報酬（１つのパズルにつき１ドル）を与えられるグループと、報酬を与えられないグループに分けられ、パズルに取り組んだ。その後、実験者は学生に「数分間席を外すが、その間この部屋では好きに過ごしてよい」と伝えて退室し、マジックミラーを通して学生の様子を観察した。その結果、報酬を与えられた学生は、８分の自由時間の間、パズルにあまり取り組まなくなってしまった。デシはこの実験から、報酬が内発的動機づけを低下させることを発見したのである。

　デシの実験は大学生を対象にしたものであったが、レッパーらが子どもに行った実験でも同様の結果が確認されている（Lepper et al., 1973）。レッパーらは、絵を描くのが好きな幼稚園児を、「絵を描いたら賞状をあげる」と

約束して実際に賞状を与える「報酬期待群」、約束はしなかったが絵を描き終えたときに賞状を与える「報酬無期待群」、約束をせず賞状も与えない「無報酬群」の３つのグループに分けて実験を行った。1、2週間後、各グループの園児たちが幼稚園の自由時間にどのくらい自発的に絵を描くかを調べたところ、報酬期待群のみ、絵を描く時間が有意に短くなっていた。さらに、実験前に測定していた絵を描くことに対する意欲も低下していることがわかった。この実験から、賞状という報酬にもアンダーマイニング効果があること、報酬そのものよりも報酬への期待がアンダーマイニング効果を生じさせることが明らかになった。

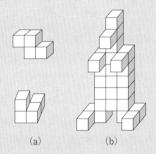

(a) ７つのブロックのうちの２つと、(b)「座っているサムくんの愛犬」

図7-7　デシの実験で用いられたソマパズル（Deci, 1971）

引用文献

Abramson, L. Y., Seligman, M. E. P., & Teasdale, M.（1978）. Learned helpless in humans : Critique and reformulation. *Journal of Abnormal Psychology*, 87, 49-74.

Bandura, A.（1977）. Self-efficacy : Toward a unifying theory of behavioral change. *Psychological Review*, 34, 191-215.

Bandura, A.（1995）. *Self-efficacy in changing societies*. Cambridge : Cambridge University Press.

Deci, E. L.（1971）. Effect of externally mediated rewards on intrinsic motivation. *Journal of Personality and Social Psychology*, 18, 105-115.

Deci, E. L., Eghrari, H., Patric, B. C., & Leone, D. R.（1994）. Facilitating internalization :

The self determination theory perspective. *Journal of Personality*, **62**, 119-142.

Deci, E. L., & Koetner, R., & Ryan, R. M.（1999）. A meta-analytic review of experiments examining the effect of extrinsic rewards on instrinsic motivation. *Psychological Bullerin*, **125**, 627-668.

Dweck, C. S.（1986）. Motivation process affecting learning. *American Psychologist*, **41**, 1040-1048.

Forsterling, F.（1985）. Attritional retraining : A review. *Psychological Bulletin*, **98**, 495-512.

市川伸一（編著）（1993）. 学習を支える認知カウンセリング——心理学と教育の新たな接点 ブレーン出版

Lepper, M. R., Greene, D., & Nisbett, R. E.（1973）. Underminig children's intrinsic interest with extrinsic reward : A test of the 'overjustification' hypothesis. *Journal of Personaliry and Social Psychology*, **23**, 129-137.

Maslow, A. H.（1962）. *Toward a psychology of being.* princeton, NJ : D. Van Nostrand.

大芦治（2004）. 動機づけ研究の臨床的展開——学習性無力感、絶望感に関する近年の研究動向 上淵寿（編著）動機づけ研究の最前線 北大路書房 pp. 146-169.

Ryan, R. M., & Deci, E. L.（2000）. Self-determintation theory and the facilitation of instrinsic motivation, social development, and well-being. *American Psychologist*, **55**, 68-78.

桜井茂男（1987）. 自己効力感が学業成績に及ぼす影響 教育心理 **35**, 140-145.

桜井茂男（2001）. 動機づけと感情の心理 桜井茂男（編著）心理学ワールド入門 福村出版 pp. 115-134.

櫻井茂男（2009）. 自ら学ぶ意欲の心理学——キャリア発達の視点を加えて 有斐閣

Seligman, M. E. P. & Maier, S. F.（1967）. Failure to escape traumatic shock. *Jornal of Experimental Psychology*, **74**, 1-9.

Weiner, B., Frieze, I., Kukla, A., Reed, L., Rest, S., & Rosenbaum, R. M.（1972）. Perceiving the causes of success and failure. In Jones, E. E., Kanouse, D. E., Kelley, H. H., Nisbett, R. E., Valins, S., & Weiner, B.（Eds.）, *Attribution : Perceiving the causes of behavior.* Morristown, NJ : General Learning Press, pp. 95-120.

考えてみよう

（1）自己決定理論の中の各段階について、具体的な例を挙げて説明しよう。また、それぞれの動機を移行するような例があるか考えてみよう。

（2）学習性無力感に陥ってしまった子どものやる気を高めるには、どのように働きかければよいと考えるか、具体的に述べてみよう。

第8章 学習・認知の理論の教育への応用

本章のポイント

　ここまで学習や認知、動機づけなど、生徒の学習を支えている基本的な心理的なしくみについて学んできた。実際の教育場面ではどのような方法で学習指導が行われているのだろうか。まず、時間や内容についてまとめて学習する場合と分けて行う場合では、どちらか効果的なのかを述べる。次に、学習指導を実施する集団の規模別に、一斉学習、グループ学習、個別学習のそれぞれにおいて、効果的な手法として開発されてきた主な学習指導法について説明する。これらの学習方法には一長一短があり、その特徴を理解しながら活用することが大切である。また、個別的に効果的な学習を進めるための考え方や方法である適性処遇交互作用と自己調整学習について学ぶ。

　さらに、思考や意思決定のバイアスを理解し「考えさせる」授業を考案するうえでの参考としてほしい。

1 学習理論の応用

　学習の理論に沿って考えると、どのような学習の方法が効果的なのであろうか。いくつかの観点から学習の方法の効果について検討されている。

A　集中学習・分散学習

　一定の課題があるときに、まとめて時間をかけて学習を行う場合と、休憩を挟みながら何回かに分けて学習を進める場合とでは、どちらが成果を上げられるのであろうか。休まず連続して行う学習方法を集中学習、休みを入れて何回かに分けて行う学習を分散学習という。

　一般的には、分散学習をした方が、結果的には学習成果が上がりやすいことが多いと考えられている。学習の成果を上げるには、注意の集中や動機づけの維持が重要であり、集中学習によって長時間まとめて学習時間をとることは、疲労の原因になったり、学習のための作業に飽きてしまったりする原因となり、効率的ではない場合が多い。また、学習する際には、記憶や習得をすべき事項や行動だけではなく、関係のない事柄や失敗体験も合わせて反復的に経験して、学習してしまっていることが多い。そのため、休憩をおくと、学習直後よりも成績が向上するという現象がみられる場合がある。この現象をレミニセンスと呼ぶ。

　学習を計画する際には、休憩時間を設けることで分散学習とすることが有効である。そのためには、分散学習できる時間的余裕をもって学習を計画することが必要になる。

B　全習法・分習法

　学習の方法は、内容のまとまりに着目して、学習すべき内容をまとめて学習し、全体的に反復練習する方法 (全習法) と学習すべき内容をいくつかに分割して、分割した小単位ごとに反復学習を進めていく方法 (分習法) にも区分できる。通常、学校で行われている授業は、同じ単元であっても、内容をいくつかに分けて、少しずつ学習する分習法として計画されている。学習すべき内容について、知識がない状態では、分習法によって少しずつ

学習を進めることが有効であると考えられている。しかし、小さく分割することによって、知識や技能は細切れ状態で習得されているので、最終的に統合されないと、相互の関係や全体像の理解、あるいはその知識・技術を用いた応用が難しい。そこで、知識・技術をひと通り分習法を用いて学習した後、全習法を行うことが有効である。複合的で複雑な動作を含む技能として、サッカーを例に考えてみよう。サッカーでは、ボールをパスする、ドリブルする、シュートするといった個々の練習を反復して行う。これは分習法による学習方法である。しかし、個々の技能の練習と習得で終わるのではなく、試合形式で練習を行う。これは全習法に当たり、試合の場面で、各技能を実践的に応用することを目指すものである。数学でも、たとえば、因数分解を学習するとき、1つずつの解法を分習法で学びながら、その解法について反復練習をしていく。しかし、このままでは新しい問題が出現したときにその知識を活かすことが難しい。そこで、ひと通り分習法によって習得した後には、すべての解法を含み、解法の選択や組み合わせが必要となる練習問題を用いて、習得した知識を実際に使えるようにすることが必要である。これは全習法による学習といえる。練習問題で、もし解けない問題があれば、再度分習法で取り扱った各解法を対象に正しい手法を検索したり、再学習したりすることになる。

　ただし、学習すべき分量に比べて、十分に能力が高ければ最初から全習法を用いた方が学習の成果が高まることも多いため、学習すべき内容全体の見通しが必要である。

2　学習の形態と指導方法

　教育の場面では、生徒の学習を支援し、効果的な指導を行う必要がある。学習指導の規模と方法によって、一斉学習、グループ学習、個別学習に分けることができる。

A 一斉学習の方法

[1] 講義法

　講義法は、クラスルーム内で一斉に授業を実施する手法の代表的なものである。教員が事前に準備してきた計画に基づき、教科書や資料に沿って、学習すべき内容を説明する手法である。しかし、①生徒が受け身になりやすく積極性が乏しくなる、②生徒の個人差への対応が難しく、理解のばらつきが生じる、③知識の暗記を中心とした学習となりがちで、応用力の学習に乏しい、といった問題が指摘されている。このような課題を解決するために、さまざまな学習や授業の手法が開発されている。

　受け身中心となる点については、参加型の学習を取り入れることが対策であり、一斉学習の場においても、講義をするだけでなく、参加型の内容を取り入れる授業が行われている。たとえば、反転授業では、知識習得は事前学習の課題として、授業時間内は参加型の取り組みを行うことで、学習効果を上げることを狙うものである。また、一斉学習による講義法との組み合わせにおいても、個人での演習問題に取り組ませたり、その成果を近くに座る生徒と相談させたり、教員が生徒を指名して発表させたりといった工夫が可能である。また、参加型の授業としては、全体をいくつかのグループに分けて、グループ学習を取り入れることも有効である。

　個人差が生じる点に対しては、習熟度別クラスの編成が行われている。科目によって得意・不得意の個人差があるため、科目別に達成度に応じてクラス編成を行うことで、理解のばらつきを防ぐことに効果がある。ただし、習熟度クラスについては、下位クラスに編成されることで動機づけを引き下げてしまう場合があることに注意が必要である。また、個人差への対応としては、個別指導の工夫も有効である。

　暗記中心の学習への対策としては、発見学習や有意味受容学習などの知識の習得を体験的に行う学習形態を導入することによって、単に知識を丸暗記するのではなく、考えながら習得する工夫が行われている。また、グループ学習において、知識を活用して応用的な事例について考えることも有効である。

[2] 発見学習

発見学習とは、ブルーナー（Bruner, J. S.）が提唱した学習法である。学習する知識の内容を説明してしまうのではなく、児童生徒が観察や思考を通じて、自分で法則や解を発見していく過程を促す教授法である。

発見とは、以前には気づかなかった概念間の関係や類似性を発見することであり、発見することで自分の能力に自信を持つことが重要視される。特に科学や数学において、生徒が独力で発見する力がつくように、科学者が科学的法則を発見する過程と同様の基本的構造を提示することによって、学習が行われることが提唱されている。

日本では理科教育において、仮説実験授業が提案されている（板倉, 2011）。たとえば、「この実験をしたらどうなるだろうか」という問題を出題し、結果を予想させる。予想した結果について、理由を述べさせるなど討議を行い、実際に実験した結果を検証するという手順で行われる。

また、より早く結論に気づくように手がかりを示す「導かれた発見学習」も提案されている。たとえば、図 8-1 の左側の図を示して、立方体の頂点 A から B までの最短距離を求める問題を出題した場合には、解答に関する仮説の提案までなかなかたどりつけない。そこで、立方体の展開図から立方体を作ることによって、図 8-1 の右側の図のような解法に気づくことができるようになる（小森, 1978）。

この手法を用いる際には、生徒に仮説を立てさせ、作業をしたり、議論したりする前に、作業や議論の中で他者を批判しないような雰囲気を作っておくことが必要である。また、途中で誤りが発生する場合があるが、直接正答を教えてしまうのではなく、誤りに気づかせるようにすることが大

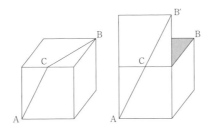

図 8-1　導かれた発見学習の例（小森, 1978 より作成）

切である。

[3] 有意味受容学習

　オーズベル（Ausubel, D. P.）は、講義法のように知識を学習者が受け入れる学習法を受容学習と呼んだ。受容学習では、受け身的になって、機械的な暗記中心に陥りやすい。しかし、発見学習では、生徒が自ら結果を発見する過程に非常に時間を要してしまう。そこで、オーズベルは、受容学習でありながらも、生徒が既に持っている知識と新しい学習を関連づけることによって、その意味を積極的に理解することを狙う有意味受容学習を提唱した（Ausubel, 1963）。暗記中心の学習になってしまうのは、生徒が持っている知識に無関係に提示されるからであって、有意味受容学習では、学習材料と既存の知識（認知構造と呼ばれる）の関連づけを行うことが必要である。そこで、教員は先行オーガナイザーと呼ばれる既存知識と新たな学習材料を結びつける情報を提示する。先行オーガナイザーは、その役割によっていくつかに分類できる。学習内容が生徒になじみが少なければ、学習内容に関する情報が必要となる（解説オーガナイザー）。既存の知識と比較することによって、新しい学習が促進される場合には、比較できるような情報が有効である（比較オーガナイザー）。

[4] 反転授業

　従来の講義法では、授業時間内に知識を伝達し、課外において復習のための宿題として練習問題を実施する授業形態が多かった。しかし、授業中に未知の知識を講義法で伝達する手法は、授業参加への積極性を損ないやすいことや、知識の暗記中心の学習になってしまい、知識の応用に欠ける傾向が指摘される。そこで、必要な知識については、効果的な教材の提供によって事前学習の課題とし、授業中はその知識を前提とした練習課題の実施、事例の解説、グループ学習などを行う手法を反転授業という。この方法を用いた授業では、意欲、満足度、習得状況とも良好である事例が報告されている。しかし、そのためには方法の工夫が必要である。第1に、事前学習において関心を高め、確実に知識を習得できる方法を採用することが重要である。ほとんどの受講者が事前課題に取り組まないと授業が成

立しない。最近ではデジタル技術を用いてインターネットや DVD などによる教材が用いられるようになっている。先進的事例では e-learning においても学習後に確認テストを行うことによって、知識の習得を確認するような教材も活用されている。第2に、事前学習を生かした授業での取り組みが重要である。事前準備を必須のものと促すためには、授業前に教材で学習していないと取り組みが難しい課題を行わせることが必要であり、また授業中に全員が課題を行い、その評価が明確になるような過程も必要である。

B　グループ学習の方法

　グループで行う学習方法は、少人数のグループでメンバーが分担をして学習を進めるという要素と、相互に意見を述べ話し合うという要素を持っており、一斉学習で失われがちな積極性を高める効果が期待できる。しかし、参加者の参加意欲が低いと、グループ学習でも議論は沈滞してしまい、消極性が解消されないどころか、学習成果が得られない状況に陥る危険性もある。そこで、生徒の参加と発言を促し、意欲を高めるような働きかけを行う手法を用いることが必要である。また、参加者全員が役割を果たしたり、意見を言ったりするように働きかけることが望ましい。そのために、リーダー、記録係（書記）等の役割を交代で行わせたり、作業や発言の方法に留意したりすることが必要である。また、グループごとの作業や議論が終了したら、クラス全体で発表を行い、意見を共有するとともに、教員がまとめを行うことも必要である。

[1] バズ学習

　バズとはミツバチの羽音のことであり、グループでワイワイガヤガヤと大勢が参加して討議する様子を示しており、バズ学習は討議法を用いた学習手法と位置づけられる。1グループは5〜6名程度であり、討議時間も5分程度と短時間に設定する。テーマについて全員が意見を出すことを求めるが、活発に意見が出なければ、順番に意見を話すことを促す。

　グループでの討議が終了したら、クラスで各グループの討議の結果を発表させ、全体で共有し、それを題材に議論を行ったり、教員がまとめを行

ったりしていく。一斉授業の進行の中で、課題を設定して考えさせたり、練習問題を出題して答え合わせをさせたりといった、ちょっとした議論の時間を設定する場合にも使える方法である。

[2] ジグソー学習

　アロンソン（Aronson, E.）は、協同学習の研究成果を応用し、1970 年代に1 つの共通テーマについてのグループ学習を行うジグソー学習を提唱した（Aronson & Patnoe, 2011）。まず、生徒を 5、6 人ずついくつかのグループ（ジグソーグループという）に分け、リーダーを決める。テーマについては、グループの人数に応じた小さい課題に分割しておく必要がある。各ジグソーグループ内では、メンバーがどの課題を担当するかを決め、あらかじめ担当部分の資料を読んでおく。その後、同じ課題を担当するメンバーが集まり、一時的なグループ（エキスパートグループと呼ぶ）を作る。各エキスパートグループでは、担当した課題について、調べたり、話し合ったりすることで学習を深める。エキスパートグループでの学習が完了すると、再度、ジグソーグループに戻り、それぞれが担当した課題について、グループ内で発表する。また、質問を受け、回答することで、ジグソーグループ内での担当した課題の学習を進める役割を担う。こうして、メンバー全員が自分の分担した課題について教え合うことで、全体としてのテーマに関する理解が深められていく方法である。最後に、クラスにおいて理解についてのテストやクイズを出題して、習得を確認する。

[3] ブレインストーミング

　ブレインストーミングは、多くのアイデアを収集することで、その中に創造的な発想を見つけようという手法であり、企業等でも新しい企画を生み出すために使われている討議法である。ブレインストーミングを用いれば、必ず創造的な発想が得られるわけではないが、拡散的思考を促し、議論を活発化することが期待できる。

　ブレインストーミング法では、自由な意見を言える環境の中で全員が討議に参加すること、テンポよく議論を進め、1 人ひとりの参加者が数多く意見を述べることを基本原則としている。そのために、自由な雰囲気で議

論する場を用意するために、以下のような4つの基本ルールを提示し、その基本ルールの下で討議を進める。

①自由奔放にアイデア（意見）を言うこと

②その場で他者のアイデア（意見）を論評しない

③なるべく多くのアイデア（意見）を出す

④人のアイデア（意見）を参考にすることは歓迎

　意見の記録をするのが大変であるため、意見を付箋紙やカード1枚に1つずつ書き込むようにして、自分の順番に発表したら、掲示させるとよい。

　また、ブレインストーミングで得られた拡散的な意見やアイデアは集約されておらず、結論が不明確であるため、事後に出された意見やアイデアを収束的にまとめる作業を行う必要がある。KJ法という手法がよく使われるが、時間がかかるため、簡易的には、アイデア・意見をいくつかのグループに分類し、各グループに命名することで、意見やアイデアの背後にある共通性や法則性に気づかせる方法を用いることができる。

C　個別学習の方法

　オペラント条件づけでは、自発的反応が適応的であれば、報酬によって強化されることによって選択的にその反応が強まっていくと考える。オペラント条件づけ研究の第一人者であるスキナー（Skinner, B. F.）は、学習の理論を適用し、5つの原理を導入した個別学習法であるプログラム学習を提唱した。まず、基本的に自発的行動が重視され、実際に問題に取り組むことによって学習を行うのが基本方針である（積極的反応の原理）。学習の目標を明確にし、そのために必要な学習内容を細かく分割し系列化したステップを設定し、1ステップずつ提示される（スモールステップの原理）。学習者は自分のペースでそれに解答する（自己ペースの原理）。解答に対しては、即時に結果が示される（即時フィードバックの原理）。そして、最終的な学習の成果は、実際に学習が成立したかどうかで判断すべきであるとした（学習者検証の原理）。スキナーが提唱した方法は直線的プログラム学習と呼ばれているが、後に誤答したときに反応に応じて学習内容を変化させる枝分かれ型プログラム学習が提案された。

　プログラム学習は、個別学習を実現するために、ティーチング・マシン

という個別にプログラム学習を行うことができる装置を導入して行われた。
開発当時の装置は、簡単なものであったが、やがて急速に進歩したコンピュータをティーチング・マシンに用いるCAI（Computer Assisted Instruction）として受け継がれ、今日のe-learning（インターネットなどを用いた個別教育プログラム）にいたっている。

3 個別性に応じた学習と教育

A 適性処遇交互作用（ATI）

　学習や認知の理論に従い、効果的な教育方法が検討されているが、その効果は、集団としての平均値を指標にして検討されている。しかし、実際の教育場面では、生徒には個人差が存在する。どんなに優れた教育方法であっても、生徒による効果の違いが存在しており、生徒の適性によって、効果的な指導方法は異なる。生徒の適性とは、能力、物事の捉え方（認知スタイル）、行動の傾向（パーソナリティ）、興味や志向などである。クロンバック（Cronbach, L. J.）は、学習者の適性に応じて、効果的な学習指導方法が異なることについて、適性処遇交互作用（ATI：Aptitude-Treatment Interaction）という考え方を提唱した（Cronbach, 1957）。

　この考え方に基づき、さまざまな研究が行われてきた（**本章コラム、参照**）。しかし、研究では単独の適性による処遇（指導方法）の効果について、検討されることが多いのに対して、実際の場面では、生徒の個性は多くの適性の組み合わせによって決定づけられている。そのため、指導方法の効果には、適性が複合することで影響を与えていると考えられるが、適性の組み合わせは非常に多く、現実的にはそれをすべて考慮することは難しい。そのため、研究成果をそのまま応用することは難しい場合も多い。また、クラスにおける一斉学習では、1人ひとりに異なる指導法を用いることは現実的に困難である。したがって、教員は、クラス全体として効果的な教育方法を選択しつつ、効果には個人差があることを意識し、それをグループ学習や個別指導で補完するときには適性に留意するという姿勢を持つこと

が重要である。

‖コラム‖ ATI の研究例

　ここでは、ATI の初期的研究を紹介する。スノー（Snow, R. E.）は ATI の提唱者であるクロンバックの共同研究者であり、ATI の理論を発展させた研究者である。その初期的な実証的研究（Snow, Tiffin, & Seibert, 1965）では、大学生を対象として物理学の授業を行い、その成果を記憶テストによって測定した。学習の内容は、物理学理論に関する実験のデモンストレーションが題材であった。教授法としては、教員が対面して教える方法と映像を用いて教える方法の 2 つが用意された。成績の評価は、各デモンストレーション直後に 5 分間の記憶テストによって評価された。それぞれの教授法について各 200 名程度を対象として行われたが、教授法の違いによって、テストの平均得点に差が見られなかった。次に、参加した学生について、事前知識、提示方法に対する態度、パーソナリティなどについての測定を行い、その項目ごとに低・中・高の 3 群に分けて（適性に該当する）、教授法（処遇に該当する）との関係を検討した。

　その結果のうち、パーソナリティの中の「対人的積極性」の項目に関する結果を図 8-2 に示した。活動的で自信があり、積極的な傾向が高い学生（グラフの横軸中の「高」）は、実演による授業の方が映像による授業よりも成績がよかった。逆に、消極的で自信が低く、他者の傾向に追随しやすい傾向のある学生（グラフの横軸中の「低」）は、映像による授業の方がやや成績がよかった。つまり、学習者の適性によって、処遇（授業方法）の効果の違いが認められたということである。

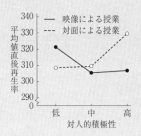

図 8-2　適性処遇交互作用の研究例（Snow et al., 1965 より作成）

B　自己調整学習

　学習は、本来押しつけられて行うものではない。生徒が自ら学習を始め、継続して学習を行い、成果を確認しながら自己学習を進めていくことが必要である。そのために、学習の目標を持ち、動機づけを保ちながら、効果的な学習方略によって遂行し、目標の進行をモニタリングしていく過程に、学習者が自ら関与し、調整しながら進めていく学習を自己調整学習という（ジマーマン＆シャンク, 2014）。自己調整学習ができる者は学業の達成がよいことが示されている。しかし、自ら学習を始め、継続し、さらには自分自身の状況を把握することは難しい。したがって、教員は、生徒の自主性を妨げないようにしながらも、生徒が自ら学習することを始める支援をしたり、継続可能な環境整備を図ったりする支援が求められる。自己調整学習のための支援を行うことは、学習効果を上げるために有効であることも示されている。

[1] 目標を立てて、動機づけを高める

　まず、学習を開始し、継続するには、動機づけが重要な役割を担う。動機づけを高めるためには、目標を明確化し、達成を目指した計画を立てることが有効である。目標には、価値が高いことと達成可能な見込み（期待）があることの両面を満たすことが求められる。学習における目標の価値を高めるためには、その内容を何のために学習するのかという意義を明確化しておく支援が必要である。期待については、目標そのものが達成できそうだという見込み（結果期待）よりも、目標を達成するために行うべき行動ができそうだという見込みである効力期待が重要だと考えられている。効力期待は自己効力感とも呼ばれ、いわゆる「自信」に近い概念であり、自己調整学習に大きな影響がある。学習場面における計画が達成できそうだという見込みが得られることが動機づけの維持に有効である。

[2] 効果的な学習方略を選択する

　学習方略とは、学習を進めるうえでの方法のことである。学習を行う際の記憶や思考や学習の方法に関するものであり、上手に学ぶ方法を選択できることが重要である。学習の方法は自分で選択することが必要であるが、

助言や経験が有効なことも多い。また、学習することを継続していく中では、動機づけの低下に対応するための方法として、たとえば、勉強する環境を整えるために机の周りを整理したり、温度などの環境を整備したりといった環境整備も重要な方略であると考えられる。

[3] 目標進行へのモニタリングと評価

　目標達成のための方法を遂行していく中で欠かせないのが、自らの現在の状況を自己観察し、把握することによって、調整するということである。この行動にはメタ認知が深く関わっている。メタ認知とは、自分が外部の対象を認知している状況を自ら「認知」していることである。自己調整学習におけるメタ認知とは、自分の学習の成果、途中でとった学習方略、動機づけなどの状況を自ら把握することである。意識的に状況の把握をすることで、学習を進めるうえでの課題に気づき、目標や方法をどのように改善するか考え、修正することで学習を効果的に進める原動力となる。しかし、自分の状況を自ら把握することは難しい。そのため、学習や授業の振り返りを促すような過程を設けるなどの支援が有効である。

[4] 自己調整学習のプロセス

　自己調整学習においては、学習前の準備段階→学習の遂行段階→学習後の評価段階を循環して行われていると考える。学習前の準備段階は、まず学習の目標を立て、達成するための計画をする段階である。学習の遂行段階では、実際に学習を行いながら、効果的に学習が進む方略を選択しながら、学習の進行状況を自己モニタリングしながら進めていく必要がある。学習後の評価段階は、自己省察の段階ともいわれ、学習の成果や方法を自己評価するとともに、うまくいったり、うまくいかなかったりした点について原因を考える段階である。学習後の評価は、次の学習前の準備段階に生かされ、次の学習の遂行段階に反映されることになる。各段階において、動機づけ、学習の方略、学習成果に関するメタ認知について、学習者自身が能動的に関与しながら学習を進めていけるように、支援していくことが必要である。

4 思考や意思決定のバイアス

近年、学童期、青年期の教育の中では「自ら考える」ということが重視されるようになっている。そのため単に知識を記憶するだけでなく、その知識を使って、考えたり判断したりすることを授業の中に導入していくことが求められている。しかし、人の思考や判断には偏り（バイアス）が生じやすいことがわかっており、特に直観的に思考したときにバイアスが生じやすい。思考のバイアスを解消するには、熟考することが有効であり、問題に取り組む際には、以下のような思考のバイアスの出現に配慮しながら、よく考えさせる指導が必要となる。

A ヒューリスティック

人は、ヒューリスティックと呼ばれる経験則を重視した思考や判断を行いやすい。たとえば、コイントスをして表面が続けて5回出たら、次は表・裏のどちらが出やすいと判断するだろうか。確率的には表でも裏でも2分の1の確率であり、「出やすさ」はない。しかし、表が続いたので、「次こそ裏」とか、「次も表」といった判断が行われやすい（ギャンブラーの誤謬という）。このように、ランダムに出現するはずだといった経験的にありがちな現象を基準に思考しやすい傾向を代表性ヒューリスティックという。また、CMで聞いたことがある商品や友達から口コミで聞いたものは、選択されやすく購入に結びつきやすい傾向がある。記憶から思い出しやすいものは思考に用いられやすい。この傾向を、利用可能性ヒューリスティックという。

B プロスペクト理論

人は利益を得られるときと、損失を回避するときでは判断基準が異なっている。たとえば、「A：100万円をもらえる」、「B：コイントスをして表なら200万円、裏なら0円をもらえる」、のいずれかの行動を選ぶとする。このような利益が得られる場面ではAの堅実な選択肢が選ばれやすく、Bのような投機的な選択はされにくい。

　一方で、「C：100万円を支払わなければならない」、「D：コイントスをして表なら支払わなくて良いが、裏なら200万円支払わねばならない」のいずれかを選ぶとする。このような損失を解消する場面では、Dの投機的であっても損失が減る可能性がある選択肢を選びやすい。人は損失を回避するという方向の行動を選択しやすく、この法則はプロスペクト理論として知られている（Kahneman & Tversky, 1979）。

C　フレーミング効果

　不治の病気に対する治療法として、「A：80％の人の命が助かる治療法」と「B：20％の人は死亡する治療法」から選択する課題では、Aの選択率が高まる。どちらも同じことを言っているのだが、損失回避という点ではAの方が選ばれやすい表現である。このように同じことであっても表現によって選択が変化する現象をフレーミング効果という（Tversky & Kahneman, 1981）。議論の題材を提示する際などに注意が必要である。

D　確証バイアス

　仮説や信念を持っていると、その仮説や信念にあった証拠に着目しやすいことで、ますますその仮説や信念への確証が強まりやすいことを確証バイアスという。ある仮説を確かめるには、本来は反証となる可能性のある事例について、反証されないことを確かめることが必要である。しかし、一般には自分の信念に基づく事実だけを述べやすいことが知られている（マイサイドバイアス）。マイサイドバイアスに基づく意見は一方的で信頼度が低く、また反対意見と議論が噛み合わない。議論を用いる授業を行う際

表8-1　マイサイドバイアスを低減する目標と方略（小野田，2015）

目標1：誰が読んでもわかるように書きましょう。 方略1：「なぜ自分はそう思うのか」について理由をしっかり書きましょう。
目標2：読んでいる人の気持ちを考えて書きましょう。 方略2：「自分が読者だったらどのように感じるかな」と考えて書きましょう。
目標3：あなたの意見と反対の意見の人が納得してくれるように書きましょう。 方略3：あなたと反対の意見にも良いところがあるかもしれません。自分の好ききらいにかかわらず反対意見の良いところも考えましょう。

には、思考するための目標や方法についてヒントを与えることが有用である（表8-1）

引用文献

Aronson, E., & Patnoe, S.（2011）. *Cooperation in the Classroom : The Jigsaw Method*（3rd ed.）. London : Pinter & Martin Ltd.

Ausubel, D. P.（1963）. *The Psychology of Meaningful Verbal Learning.* New York : Grune & Stratton.

Cronbach, L. J.（1957）. The two disciplines of scientific psychology. *American Psychologist, 12,* 671-684.

板倉聖宣（2011）．　仮説実験授業のABC——楽しい授業への招待　第5版　仮説社.

Kahneman, D., & Tversky, A.（1979）. Prospect Theory : An Analysis of Decision under Risk. *Econometrica, 47,* 263-292.

小森孝彦（1978）．　課題解決と発見学習　北尾倫彦（編）　学習の心理——教科学習の基礎　ミネルヴァ書房.

小野田亮介（2015）．児童の意見文産出におけるマイサイドバイアスの低減——目標提示に伴う方略提示と役割付与の効果に着目して　教育心理学研究, 63, 121-137.

Snow, R. E., Tiffin, J., & Seibert, W. F.（1965）. Individual differences and instructional film effects. *Journal of Educational Psychology, 56,*315-326.

Tversky, A., & Kahneman, D.（1981）. The framing of decisions and the psychology of choice. *Science, 211,* 453-458.

ジマーマン，B. J. & シャンク，D. H.（編）（2014）．塚野州一・伊藤崇達（監訳）自己調整学習ハンドブック　北大路書房.

考えてみよう

・・・・・・・・・・・・・・・・・・・・・・・・・・・

(1) 自分が専攻する教職に関する科目を題材にして、グループ学習の計画を立ててみよう。

(2) 学習者が自己調整学習を進めるにはどのようなことをしたらよいのか、自己調整学習のプロセスに沿って考えてみよう。

(3) 確証バイアスの事例を探してみよう。

本章のポイント

　日常生活のさまざまな場面で遭遇する問題に
適応的に対応するための知的な能力は知能と呼
ばれる。知能は学習場面、仕事場面、生活場面
などにおいて共通して利用される 1 つの能力だ
ろうか。それとも複数の能力の寄せ集めなのだ
ろうか。また、普段耳にする知能指数とは一体
何を数値化したものなのだろうか。本章では、
心理学において提案されてきた知能がどのよう
なものであるかに関する諸理論と、個人の知能
を実際に評価するための検査や知能指数につい
て概観する。

1 知能とは

　これまでに経験したことのない新たな状況や環境にうまく適応できること、経験から新たな知識を学び適切な行動をとれるようになること、抽象的な思考やいろいろな形式の推論ができること、問題を思考によって解決できること、これらの知的な能力は知能と呼ばれる。知能は学習場面、仕事場面、生活場面などさまざまな場面において、われわれが適応的に生きていくために重要なものである。

　知能とはどのようなものか、さまざまな場面において共通して利用される単一の能力なのか、それとも複数の能力が集まったものなのか、知能の発達的変化はどのような道を辿るのか、知能が高いことは学校の成績や業務の遂行能力や出世に影響するのか、知能の高さは遺伝するのか、といった知能に関する疑問は多い。もし知能に関する発達の遅れが生じた場合や、知能のある側面において障害が認められる場合には、適切な支援が必要となる。教育場面においては、適切な補助や特別支援教育への橋渡しのために、アセスメントの一部として知能の測定および評価が重要である。

2 知能の理論

A 知能の因子

　知的能力が必要な場面はさまざまあり、個人によって得意なものとそうでないものがあるだろう。一方で、複数の場面で共通する知的な能力があるようにも思える。普段、われわれがイメージするような文系能力や理系能力はその素朴な一例であろう。一般的には、国語・社会・英語といった科目は文系能力が大きく成績に影響し、数学・理科といった科目は理系能力が大きく成績に影響すると考えられている。文系能力・理系能力は各科目の得点からは直接示されるわけではないが、各科目の得点に潜在的に影響している能力（因子）と考えられる。また、各教科の新たな内容を学習す

る際にも影響しているだろう。これらの能力も知能と言えるかもしれないが、ここでは学術的な知能研究によって見出されてきた知能の因子はどのようなものか確認してみよう。

B　2因子説

スピアマン (Spearman, C. E.) はさまざまな知的課題を遂行するうえで、共通して影響する潜在的な能力があると考え、それを g 因子（一般知能因子）と名付けた。さまざまな知的課題を実施し、その得点の相関関係を分析することで、その潜在的な因子を抽出する因子分析と呼ばれる手法を開発し、g に対応する因子が抽出できることを示した。また、g 因子以外の成分を各課題に特有の因子として s 因子（特殊知能因子）と名付けた。各課題の得点は、課題間に共通する g 因子と、各課題に特有の s 因子から決定されるものとして捉えたのである。

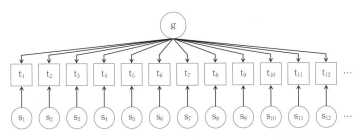

図9-1　スピアマンの2因子説（Spearman, 1904 より作成）

図9-1 のスピアマンの2因子説において、g は一般知能因子、s_x は特殊知能因子、t_x は課題を表す。各課題の得点は g と s_x から影響を受けていることを表す。

C　多因子説

スピアマンのように知能が2つの因子からなると捉えるのではなく、複数のまとまりからなるとする考え方を多因子説という（図9-2）。ソーンダイク (Thorndike, E. L.) は知能が、抽象的知能、機械的知能、社会的知能から成るとした。また、サーストン (Thurstone, L. L.) は 56 種類の課題を実施し、

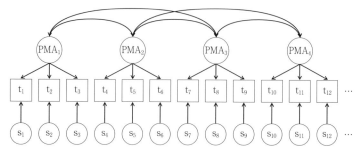

PMAₓは基本的精神能力を示す。

図9-2　サーストンの多因子説（Thurstone, 1938 より作成）

因子分析によって抽出した「語の流暢性」「言語理解」「空間」「数」「記憶」「推理」「知覚速度」の7因子を基本的精神能力と呼んだ。

D　知能の3次元構造モデル

　ギルフォード（Guilford, J. P.）の知能理論（Guilford, 1956）では、情報の入力に関する「所産」、情報の「操作」、情報の出力に関する「内容」の3次元構造をとるとし、各次元の組み合わせについて6（所産：単位、クラス、関係、体系、変換、含意）×5（操作：評価、収束的思考、発散的思考、記憶、認知）×4（内容：図形、シンボル、意味、行動）の120もの因子を抽出している（図9-3）。

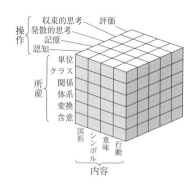

図9-3　ギルフォードの3次元構造モデル（Guilford, 1957 より作成）

E　CHC 理論

　キャッテル（Cattell, R. B.）は、知能には新しい環境に適応するときに利用される流動性知能と、過去の経験から得られた知識や判断力を日常的な課題や複雑な問題に対処するために利用される結晶性知能があるとした（Gf-Gc 理論）。ホーン（Horn, J. L.）は流動性知能と結晶性知能に加えて、数的能力、視覚的認知、聴覚的認知、記憶、処理速度があることを示した（拡張 Gf-Gc 理論）。

　計算機の能力の向上によって、多くの実験参加者に、多くの課題を実施した膨大な多変量のデータについて、因子分析を用いて解析することが可能となったが、いくつの因子があるのかについての一致した結論が得られていなかった。異なる項目、異なる年齢、異なる背景の人に実施した研究で、異なる統計手法を用いて、結論づけている点が問題となったのである。キャロル（Carroll, J. B.）は過去の知能研究データを集めて大規模な再分析を行い、一般知能因子を最上層に、中間層に８つの因子（流動性知能、結晶性知能、一般的記憶、一般的視覚認知、一般的聴覚認知、一般的検索能力、認知処理速度、反応速度）を、最下層に個別の課題に必要とされるような狭い能力因子を配置する、３層理論を提案した（図 9-4）。３層理論は、膨大な過去の研究データを網羅的に集め、標準的な統計手法を利用して、知能の尺度を恣意的に開発するのではなく、データに語らせることで見出された因子であり、客観性の高さが評価されている。

　さらに Gf-Gc 理論と３層理論が統合された理論が提案され、キャッテル、ホーン、キャロルの名前をとって CHC 理論と呼ばれるようになった。

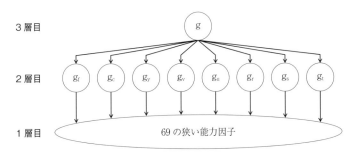

図 9-4　キャロルの３層理論（Carrol, 1993 より作成）

CHC 理論は実証データに支えられた妥当性の高い理論として、多くの知能検査に影響を与えている。

3 社会的知能を取り入れた知能理論

A スタンバーグの鼎立理論

スタンバーグ (Sternberg, R. J.) の提案した鼎立理論は、知能を問題解決場面などにおける情報処理の側面から捉え直したものである。鼎立理論には、コンポーネント理論、経験理論、文脈理論の3つの下位理論が設けられている。

コンポーネント理論では、知的な活動における心的要素が取り扱われている。遂行要素は、問題を解決するにあたって用いられる要素で、問題の内容を整理し (符号化)、要素間の関係性を見出し (推理)、他の対象にその関係性を当てはめて (適用)、最適な解決策を選ぶ (正当化)、といった要素がある。知識獲得要素は、新しいことを学習するにあたって用いられる要素で、関連したものとそうでないものを分ける (選択的符号化)、符号化されたものを関連づける (選択的組み合わせ)、既存の知識と比較し、結びつける (選択的比較)、といった過程がある。メタ認知要素は、計画、モニタリング、評価といった、遂行および知識獲得の監視、統制を行う要素となっている。

経験理論では、経験による熟達や精通が取り扱われる。問題解決などの経験が繰り替えされることで、処理が素早く無意識的に実行できるようになる (情報処理の自動化) 側面と、経験によって得られた知識を利用して新たな問題を捉え、処理できるようになる (新規性) 側面がある。コンポーネント理論の知識獲得要素と同様に、選択的符号化、選択的組み合わせ、選択的比較といった過程がある。経験理論は、新たな発見や創造的な思考とも関係がある。

文脈理論は、仕事や人間関係などの環境との関わりを取り扱う。状況を把握して適応的な行動をとる側面 (環境への適応)、最もふさわしい環境を選択する側面 (環境の選択)、ふさわしい環境を作る側面 (環境の形成) がある。

鼎立理論では、コンポーネント理論で取り扱われるような、特定の課題を行っているときの心的過程だけではなく、経験や環境への適応といった、社会的な活動において必須な側面を盛り込んだ点で、それまでの知能研究の枠組みを拡張するものとなっている。これらの知的能力を測定することで、実生活での適応をうまく捉えることができるかもしれない。しかし、これまでの知能研究が検証してこなかった側面については、今後の実証研究の積み重ねが求められる。

B　ガードナーの多重知能理論

ガードナー（Gardner, H.）の提案した多重知能理論（Gardner, 1983）は、それまでの知能研究が含めてこなかった社会的知能の側面を知能として含めている。多重知能理論では、言語的知能、論理 - 数学的知能、空間的知能、音楽的知能、身体 - 運動的知能、対人的知能、個人内知能、博物的知能などが、互いに独立したモジュール性を持って発達や、機能しているとしている。美術や音楽、スポーツなどと関連する芸術的知能や、対人的知能などより社会生活において求められる能力を含めることで、仕事や教育などの実践場面において広く受け入れられるものとなっているが、実証性に乏しいという問題がある。

C　情動知能

われわれの社会生活においては、他者の感情を理解する能力や、自身の感情を適切に表現する能力は、対人関係を円滑にし、適応的な生活を送ることを支えていると考えられる。情動の理解と表現に関する知的能力は、情動知能と呼ばれている。情動知能も多重知能理論と同様に、これまでの知能理論が捉えてこなかったより実践的な知能の側面を取り扱う点や、社会的な成功との関連性が大きいと考えられる点から、急速に知られるようになったが、実証性の高い CHC 理論などと比較すると批判も多く、客観的な測定指標の開発や実証研究の積み重ねが求められる。

4 知能の測定

A ビネー・シモン式知能検査

フランスにおいて公教育が発展し、さまざまな背景を持つ子ども達が集団で教育を受けるようになると、特別支援教育が必要な者を鑑別する検査が必要となった。そのための検査の開発を依頼されたビネー（Binet, A.）は、最初の実用的な知能検査であるビネー・シモン式知能検査を開発した。ビネーの知能検査は、知能は年齢とともに発達するが、それに遅れが生じることで、知能の個人差が生じるという考え方に基づいている。

ビネーの検査では、親などへの面接といった間接的な方法をとらず、子どもを直接個別に検査した。検査に用いた項目は、子どもの知能の発達水準を示すために、あらかじめ各生活年齢（暦の上での年齢）の子ども達が遂行可能かどうかを調べられていた。つまり、各生活年齢の子ども達が平均的に達成できる課題を易しいものから難しいものまで順に整理しておき、遂行できた課題の属する年齢をその子どもの精神年齢としたのである。これにより、生活年齢と精神年齢との差が2歳以上開いている場合には、特別支援教育が必要であるといった判断が可能となった。

B スタンフォード・ビネー式知能検査

ビネー・シモン式知能検査は諸外国に持ち込まれ、多くの翻訳版が作成された。日本においても、田中・ビネー式知能検査や鈴木・ビネー式知能検査が開発され利用されている。ターマン（Terman, L. M.）によるスタンフォード・ビネー式知能検査はアメリカで大規模な標準化がなされた。ターマンはシュテルン（Stern, W.）によって提案された知能指数（IQ : Intelligence Quotient）をこの検査に導入した。生活年齢が4歳のときと10歳のときとでは、精神年齢が生活年齢よりも同じく2歳遅れている状況でも深刻さが異なる。知能指数は生活年齢群の平均的な水準を100としたときに、どの程度の割合に精神年齢が到達しているかを求めるものである。

$$\text{知能指数 (IQ)} = \frac{\text{精神年齢 (MA)}}{\text{生活年齢 (CA)}} \times 100 \qquad \text{【数式 9-1】}$$

　先の状況を知能指数に置き換えると、生活年齢が4歳で精神年齢が2歳の場合はIQ=50、生活年齢が10歳で精神年齢が8歳の場合はIQ=80となる。

C　アメリカ陸軍式知能検査

　ビネー・シモン式知能検査の最初の版は1905年に発表されており、これは社会制度として公教育が発展した時期でもあるが、それは客観的な科学としての心理学が成立した時期とそう離れていない。その後の知能検査の開発の歴史も時代背景と強く結びついている。アメリカ陸軍式知能検査は、徴兵の際の適切な人員配置を検討するために、ヤーキーズ（Yerkes, R. M.）が中心となって開発した集団式の知能検査である。英語が不自由な者も検査を受けることができるよう、言語を用いる通常の検査（α検査）と、言語によらない検査（β検査）を開発した。

D　ウェクスラー式知能検査

　ウェクスラーの知能検査は複数の下位検査から、知能の領域ごとの個人差を表現することができる個別式知能検査である。集団式検査で得点が低かったものについて、詳細な検討を行うための検査として用いることができる。成人用WAIS、児童用WISC、幼児用WPPSIが開発されている。第3版では全検査IQとともに、言語性IQと動作性IQを示すようになっていたが、第4版では言語理解、知覚推理、ワーキングメモリー、処理速度の4つの側面から知能を示すようになっている（表9-1）。さらに特定の領域での下位検査の結果を参考にすることができる。

　ウェクスラーの知能検査では、点数尺度として偏差知能指数（DIQ：Devi-

表9-1　WAIS-4の基本検査内容（Wechsler, 2008より作成）

全検査IQ（FSIQ）			
言語理解指標 （VCI）	知覚推理指標 （PRI）	ワーキングメモリー指標 （WMI）	処理速度指標 （PSI）
類似 単語 知識	積木模様 行列推理 パズル	数唱 算数	記号探し 符号

ation IQ）を導入した。ヤーキーズは同じ生活年齢集団の平均点で得点を割ることによる点数尺度を提案したが、生活年齢集団内でのばらつきを考慮していない点に不備があった。偏差知能指数の算出では、まず平均を0、標準偏差を1とする標準化得点を算出する。

$$標準化得点（z）= \frac{（得点 - 生活年齢集団の平均点）}{生活年齢集団の標準偏差}$$【数式9-2】

そのうえで平均を100、標準偏差を15（知能検査によっては16）に変換し直す。

$$偏差知能指数（DIQ）= 標準化得点 × 15 + 100$$【数式9-3】

偏差知能指数を用いれば、得点が平均から標準偏差いくつ分離れているかで、生活年齢集団内での位置づけを評価できる。たとえば偏差知能指数が115であったら、平均よりも標準偏差1つ分だけ高い位置にいることがすぐにわかる。さらに、もしある検査における偏差知能指数が正規分布すると仮定できれば、85点〜115点の者は約68%程度いて、70点〜130点の者は全体の約95%程度いるが、逆に70点より低い者や130点を超える者は5%程度しかいないといった計算も容易である。

E 知能検査は何を予測するか

どのようにして知能の個人差が生じるのか、認知神経科学による説明はまだ不十分であるが、知能の個人差に関してはたくさんの研究が積み重ねられている。たとえば、より専門性が高かったり、技術を必要とする仕事や、複雑な思考を求める業務は知能の高いものが、よりパフォーマンスを発揮しやすいことがわかっているが、これは集団に対する説明であり、個人個人が必ずしもそうであるということではない。ある集団の知能検査得点の平均値が、別の集団よりも低いことが示されても、個人について見れば比較した集団のほとんどの成員よりも得点が高いものもいる。集団についての知見から、特定の個人を評価する際には注意が必要である。

また、創造性や知恵のような変数は測定が難しいが、一方で処理速度は測定しやすい。知能研究では測定が容易な変数が取り扱われ易く、測定が難しい内容については証拠が得られにくい。知能検査を用いる際に評価できるのは、人間の限られた一面のみであることを忘れずに取り扱う必要が

ある。

5　知能の遺伝

　家族研究は知能における遺伝の影響を示してきた。知能の相関は一卵性双生児で最も高く、二卵性双生児、きょうだい、親子の順に低下する（図9-5）。また、遺伝的な影響の下での発達変化も存在する。発達曲線の形が一卵性双生児の方が二卵性双生児よりも類似しているという知見もある。一方で、知能の集団内での位置付けは固定されたものではなく、学習や経験によって、発達過程においても変化する。

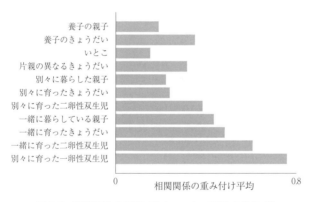

図 9-5　知能指数の相関（Grigorenko, 2000 より作成）

6　知能と加齢

　流動性知能は青年期にピークを迎え、その後低下していくが、結晶性知能は成人期を通じて比較的維持される。また、処理速度は流動性知能が低下を始める時期と同じ頃に低下を始める。ソルトハウス（Salthouse, T. A.）

は加齢によって低下するのは処理速度であり、その低下が一般知能に影響し、一般知能の影響を強く受ける流動性知能などの知能因子が低下するという知能の加齢変化を説明するモデルを提案している（図9-6）。このモデルは、知能の加齢変化に関するデータを非常によく説明するモデルであることが示されている。

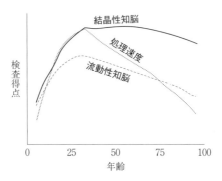

図9-6　知能の加齢変化（Ritchie, 2015 より作成）

┃コラム┃　知能検査と教育相談

　他の子どもと比べて、学習が遅れている。時間をかけて教えても学習内容が身につかない。全般的な学習は他の子どもと比べても遅れを感じないが、特定の教科の学習だけはどうしても進まない。このような訴えが教育相談においてなされた場合には、知能検査の実施が問題の整理に役立つかもしれない。ウェクスラー式知能検査の児童用検査である WISC や田中・ビネー式検査を実施することで得意な面、不得意な面を整理することができる。たとえば、言語理解やワーキングメモリーについて低い得点となっていることがわかったならば、授業課題を実施する際には説明をできるだけ簡潔にしたり、実施に必要な情報だけを提示することで記憶補助としたりといった対策を立てることができるようになる。また、落ち着いて授業を受けることができず、他の子どもの学習を邪魔してしまうといった、学習の遅れが中心的な相談内容ではなかった場合でも、知能検査の結果から本人が負担を感じている側面を明らかとして対策を講じることで、改善す

ることもある。特別支援教育を含めた教育的支援において、知能計測の役割は重要である。しかし、知能検査は万能の道具ではない。実際の支援においては、行動観察・面接を通した本人の理解のほか、学習環境や家庭環境などを含めた総合的なアセスメントと、教員や家族などを含めた周囲の支援体制を整える必要がある。

引用文献

Carroll, J. B. (1993). *Human cognitive abilities : A survey of factor-analytic studies.* Cambridge : Cambridge University Press.

Gardner, H. (1983). *Frames of mind : The theory of multiple intelligences.* New York : Basic Books.

Grigorenko, E. (2000). Heritability and intelligence. In Sternberg, R. J. (Ed.), *Handbook of intelligence.* Cambridge : Cambridge University Press.

Guilford, J. P. (1956). The structure of intellect. *Psychological Bulletin,* 53 (4), 267-293.

Guilford, J. P. (1957). Three faces of intellect. *American Psychologist,* 14, 469-479

No authorship indicated (1921). Intelligence and its measurement : A symposium. *Journal of Educational Psychology,* 12 (3), 123-147.

Ritchie, S. (2015). *Intelligence : All That Matters.* London : John Murray Press.

Spearman, C. (1904). General Intelligence : Objectively determined and measured. *The American Journal of Psychology,* 15, 201-292.

Sternberg, R. J. (1985). *Beyond IQ : A triarchic theory of intelligence.* Cambridge : Cambridge University Press.

Thurstone, L. L. (1938). *Primary mental abilities.* Chicago : University of Chicago Press.

Wechsler, D. (2008). *WAIS-IV administration and scoring manual.* San Antonio, TX : Pearson.
（日本版 WAIS-IV 刊行委員会（2018）. 日本版 WAIS-IV 実施・採点マニュアル　日本文化科学社）

考えてみよう

・・・・・・・・・・・・・・・・・・・・・・・・・・・・・

⑴ 社会的知能を取り入れた知能理論と、それ以前の知能理論の相違点を
まとめてみよう。

⑵ 個人の知能を数値化し評価する際に、知能指数はどのような場面で活
用できるか、また、その際に生じる問題にはどのようなものがあるか、
具体的な例を挙げて説明しよう。

第 10 章

教育評価

本章のポイント

　教員は学習者にさまざまな内容を「教える」だけでなく、学習者がその内容を理解し、有効に活用できることを確認しなければならない。そこで教員は学習者の学習状況を評価することになるが、単に定期テストを実施して成績を出せばよいというわけではない。そこでは、評価が何のために行われるのか、評価したい内容は何であるのかといったことを正確に把握し、その状況に適した評価方法を選択する必要がある。本章では、適切な教育評価に必要な諸点を概観する。まず教育評価の前提を述べたうえで、さまざまな側面から切り分けられる評価の方法をみる。さらに評価を歪ませうるさまざまな要因についても述べる。

1 教育評価とは

A 評価の目的

　教育評価というと、教員がテストを採点したり、通知表に記載する成績を決めたりするといった作業が思い浮かびやすい。確かにそのような作業も教育評価の一側面である。しかし、教育評価にはさまざまな目的がある。それを大きく分けると学習者のための評価、教員のための評価、学校制度のための評価に分かれる。

　学習者にとっての評価は、学習活動に対する自己の進捗状況を把握するとともに、これからの学習活動方針の指標とするためのものという目的がある。多くの場合、学習者は学習内容に対して十分な経験がない状態から学習を始め、設定された単元の習熟を深めていく。しかし、自己がどの程度習熟したのかを把握することは難しい。そこで他者から評価を受けることで、その単元における目標を達成したのかどうかを把握することができる。

　一方、教員にとっての評価は、学習者の学習状況の把握とともに、設定した学習状況が適切であったのかを把握する目的もある。もし学習者が十分に目標を達成できなかった場合に、指導計画を変更する必要も出てくる。評価対象は学習者（たとえば、学校の児童や生徒）が多いが、その評価はそのまま教員自身に対する評価としてみることもできるのである。

　学校制度のための評価は、教育活動の実施内容などを決めるための指標となる。たとえば、入試における評価は、学習者に対してその学校における適性を判断するものである。さらに広い目でみると、教員個人が設定する指導計画の前提になるカリキュラムや学習指導要領の改善のための評価も行われる。たとえば、国立教育政策研究所では、設定した目標に対する児童の学習状況に関する学習指導要領実施状況調査が行われている。

　このように、評価の目的は立場によって意味合いが異なるものである。しかし、いずれの立場からの評価も、評価の対象を管理するという側面からのみ捉えるのではなく、多くの場合、それをもとに修正や改善するために行われているのであるという観点が重要となる。

B　測定と評価

　教育評価は、評価者の印象で評価するのではなく、根拠に基づいて客観的に評価するべきだと考えるだろう。そこでペーパーテストの結果に基づいて、理解度を測定するといった手法が思い浮かぶかもしれない。しかし、その結果に至るまでの学習過程や発想といったテストの結果にのりにくいものはどのように評価すればよいだろうか。ここでは教育における測定と評価の違いについて、教育評価観の歴史的な変遷からみていく。

　教育の評価場面では、まず客観的かつ正確に測定するという側面が重視されていた。1910年代以降の教育測定運動では、アメリカの心理学者ソーンダイク（Thorndike, E. L.）を中心に、それまでの論述式のテストや口頭でのテストといった主観的な評価への批判が行われ、より客観的な手法に基づく「測定」の重要性が説かれた。ここでは評価を科学的に捉え、成績が正規分布するという考え方に則った相対評価の手法が編み出された。

　このような客観的な測定を重視する考え方は、評価の「ぶれ」を減らすという意味では良いものである。しかし、1930年代になると、このような測定は、表面的な学習の結果をみるものであり、そこに含まれる過程をみることができないという批判が出るようになった。このような批判はアメリカの教育学者タイラー（Tyler, R. W.）を中心に行われ、結果の測定から過程の評価も重視すべきであるという考えに変化していった。歴史的にはこの段階で教育を評価（Evaluation）するという考えが出てきたといえる。

　さらにその考えを推し進め、現在の評価に対する考え方の根源を打ち出したのがアメリカの教育学者ブルーム（Bloom, B. S.）である。ブルームは評価をすること自体を評価の目的とするのではなく、それをどのように活用するのかという側面を重視した。

　観点別学習状況の評価を行っている現在の日本においても、このブルームの考え方が基本となっている。ペーパーテストで「知識・技能」を測定するだけでなく、その過程に含まれる「思考・判断・表現」「主体的に学習に取り組む態度」の評価も求められることになっており、それをどのように活かすのかということを踏まえた評価が必要となるのである。

C 妥当性と信頼性

　教育評価をするうえでは、評価の妥当性と信頼性を考慮する必要がある。学習者が設定された課題や目標を達成できたかどうかを判断するためには、それを調べるために、テストやチェックリストといった何らかの「ものさし」を使うことが多い。この「ものさし」は評価すべき対象を正しく測り、誰がどのような場面で用いたとしても同じ結果が得られなければ意味がない。妥当性と信頼性はこの「ものさし」を作ったり、使用したりするときに必要となってくる考え方である。

　評価の妥当性は、「ものさし」で評価者が測ろうとしている対象を正確に測ることができるのかどうかを示す概念である。教育評価における妥当性では、特に構成概念に関する妥当性が重視される。構成概念とは、具体的に観察可能な現象の背景にある仮説的な概念を指す。たとえば、ある知識を獲得したかを評価するために何らかの作業をさせる場合、その作業には確認したい知識の内容以外に、問題の設定を理解する能力や作業に関わる認知的能力といったものも必要となると考えられる。このとき妥当性は、その問題とその評価がきちんと知識を獲得できたかを反映しているのかをみる。もし、その評価が別の構成概念の影響によって変動してしまうのであれば想定した構成概念の妥当性は低いものとなる。

　一方、評価の信頼性とは、評価結果がどの程度安定しているのかを示す概念である。この信頼性は、「ものさし」そのものの信頼性と、「ものさし」を使う人の信頼性に分けられる。「ものさし」そのものの信頼性は、たとえば同じ人を複数回評価したときに、同じ評価結果となるかどうかを問うものである。テストの結果は本人の能力に加え、そのときに起こる偶然の誤差の影響も少なからず反映される。信頼性の高い評価方法は、可能な限り誤差の影響は小さく、本人の能力がきちんと反映されるものであるといえる。他方、「ものさし」を使う人の信頼性は、同じ人物が「ものさし」を使ってある人物を複数回評価したときに、同じ評価となるかを問うものと、複数人がある人物を評価したときに、同じ評価になるかどうかを問うものである。

　このような妥当性と信頼性の考えは教育評価の基本となるが、近年では、妥当性、信頼性を発展させ、カリキュラム適合性と比較可能性という考え

方も重視されるようになっている。

　ギップス（Gipps, 1994, 鈴木訳, 2001）は、妥当性の考え方を拡充し、評価が設定されたカリキュラム全体をカバーしているかどうかを問うカリキュラム適合性を提示した。たとえば、学力テストなどでは「知識・理解」は測りやすくとも、「技能」や「関心・意欲・態度」は測りにくいとも考えられる。そこでそれらの側面を評価する場合には、実際的な課題に対するパフォーマンスをみるといった対処が可能となる。このように単に「ものさし」が妥当であるのかどうかを考えるだけではなく、カリキュラムの中で設定された目標を適切に測る「ものさし」を探すことも重要となる。

　一方、比較可能性は、評価の一貫性（信頼性）を保つために評価基準が評価者間で共通に理解され、評価対象を同じ基準によって公平に評価しているかをみるものである（田中, 2008）。比較可能性を高めるためには、評価者が評価の過程や評価の結果について話し合いを行い、評価のぶれを減らし統一していくモデレーションという作業を行うことが求められる。

2　教育評価の方法

　実施された教育活動に対する評価により、学習者が内容を理解したのか、指導方法は適切であるかを判断する材料を得る。それでは実際の評価はどのように行えばよいだろうか。教育評価の方法にはさまざまな特徴に基づく分類があり、文脈に沿って適切な方法が選ぶ必要がある。ここでは評価の基準、形式、評価時期に基づく分類から評価方法についてみていく。

A　基準による分類

　教育評価は、何らかの根拠に基づいていなければならない。ここではその基準により教育評価を分類し、ある集団における個人の位置づけをみる相対評価、目標として設定した基準を達成できているかをみる絶対評価、自己評価によってみる個人内評価について述べる。

[1] 相対評価

　クラスや学年で平均点などの基準を出し、学習者がその基準内で相対的にどのような位置にいるのかを評価する方法である。特定の集団の中での基準をもって評価することから集団準拠評価と呼ばれることもある。この評価で最も有名なのが、偏差値やそれに基づく五段階評価である（偏差値については**本章コラム**を参照）。

　このような方法は評価者の主観に左右されず評価できる、クラス単位・学年単位での位置づけを明確にできるという長所がある一方で、評価はあくまで特定の集団の中での位置づけに過ぎない、設定した目標が達成できているのかどうかを測りにくいといった短所もある。また、学習者の努力が成績に反映されない場合もあることから、学習意欲の低下を招く可能性もある点に留意する必要がある。

[2] 絶対評価

　絶対評価とは、何かしらの目標や基準などを設け、評価対象の学習者が、それを達成したかどうかを評価する方法である。この方法はさらに、教師が独自に設定した目標を達成したかを評価する認定評価と、指導要領などで具体化されている目標を達成したかを評価する到達度評価に分けられる。

　今後の学習指導要領では、学習の評価として「知識・技能」「思考・判断・表現」「主体的に学習に取り組む態度」の3つの観点が設定されている。このうち「知識・技能」「思考・判断・表現」と「主体的に学習に取り組む態度」の一部は絶対評価（目標に準拠した評価）が求められていく（文部科学省, 2019）。絶対評価は、個人個人が設定された目標を達成できているのかを把握することが可能であり、学習者自身も達成のためにさらに何が必要なのかを理解しやすいという利点がある。一方で、特に認定評価の方法は、主観的になりがちであり、客観性を保つために外的基準を導入するなどの工夫が必要である。

[3] 個人内評価

　個人内評価とは、学習者の個人内で複数の評価がどのように異なるのかをみたものである。この個人内評価には、ある時点から一定期間経過した

後に、どの程度成長しているのかを評価する縦断的個人内評価と、ある時点において、さまざまにある単元や教科を比較し、どの部分が秀でているのかを評価する横断的個人内評価がある。

　相対評価や絶対評価とは異なり、基本的に学習者の自己評価で進めるため、成長を実感したり、秀でている部分を認識したりすることで自発的な学習意欲の向上に繋げやすいという利点がある。一方で、たとえば、発達段階にある児童や生徒が必ずしも自分の状況を客観的に評価できるとは限らず、何をもって成長しているのか、秀でているのかを把握することは難しい可能性もある点に注意が必要である。

B　形式による分類

　評価の際に、目標が達成されたかをみるためには、実施した活動の内容に応じた評価形式を作成する必要がある。評価というとペーパーテストを作成し、教員はそれを採点した結果をもとに行うといったイメージが強いかもしれない。しかし、教育指導要領の変遷とともに、特に最近では学習者1人ひとりの観点別の学習状況を把握するための方法も用いられている。

[1] テスト評価

　評価で多く用いられるのはテスト評価である。ここでいうテストとは学力テストのことを指し、筆記によるペーパーテストが大半を占める。このテスト評価には標準学力テストや教師作成テストがある。標準学力テストとは、多くの人が受けることを想定し、その結果に対する評価方法や基準が明確になるよう標準化されたものを指す。標準学力テストでは、問題を解けるか否かによって受験者（たとえば、全国学力テストなら日本中の同じ学年の児童生徒）の中でどのような位置づけにあるのかがわかる相対評価がとられることが多い。一方、教師作成テストは、学校の定期試験のように、各教員が実施した課題に対する評価のために作られるものを指す。

　テスト評価は出題形式から区分することができる。まず、論文体テストと客観テストに分けられる。論文体テストは自由記述形式で出題するものであり、用語の定義や要約、批評などを求めるときに用いられる。論文体テストは知識だけでなく、思考や表現など総合的な能力も評価したいとき

には有効な方法であるが、その評価は評価者の主観に影響されやすく、客観的な評価とするのは容易ではないという側面もある。一方、客観テストは、評価の主観性を排除することを目指したテストである。客観テストには、①記述された内容が正しいものかを問う正誤法や、②問に対して複数の選択肢を用意して、正しいものを選ばせる多肢選択法、③関連する概念同士を結ばせる組み合わせ法、④問の途中に空欄を設け、適切な概念を記入させる完成法などがある。客観テストは評価者の主観に影響されないという利点がある。一方で、そもそも出題内容に妥当性があるのかどうかに注意しなくてはならない点や、正答したとしても、どのような過程を経て内容が学習されたのか（たとえば、丸暗記しただけなのか、周辺知識も合わせて学習されたかなど）はみえてこない点にも注意しなくてはならない。

[2] パフォーマンス評価

　パフォーマンス評価におけるパフォーマンスとは、自分の考え方や感じ方といった内面の精神状況を、身振りや動作や絵画や言語などの媒体を通じて外面に表出すること、またはそのように表出されたものをいう（田中, 2008）。これには、より現実的な課題解決場面を想定し、テスト評価では測れないような過程も評価対象としようとする意図が含まれている。

　パフォーマンス課題には、答えが一定となるクローズ・エンドの課題と、答えが複数想定されるオープン・エンド課題がある。四則演算を例に取ると、クローズ・エンドの課題は、特定の式の問題に対して抽象的な数値操作だけをさせるのではなく、その計算が必要な現実場面を想定させた状況の中で問題を提示し回答させる。一方、オープン・エンドの課題では、同じような計算をさせることを意図するが、特定の式のみを提示し、その式を使うような問題を学習者に作成させたり（これを作問法という）、ある課題の中で自然と四則演算を使用するような状況を提示し、その解決過程をみるものなどがある。

　このようにパフォーマンス課題はその意図からより現実場面に近い状況設定となるよう課題が作成されるが、教育活動の内容を踏まえたものでなければ意味がない。また、解答が一意に決まらない課題の場合には評価基準は曖昧になりやすい。このことから、パフォーマンス評価を実施する際

には、あらかじめどのような側面を評価するのか、どのような解答があったときにどのような評価を与えるのかという指針(これをルーブリックという)を設定しておくことが重要となる。

[3] ポートフォリオ評価

　ポートフォリオとは、書類や絵画を挟む平かばんのことを指すが、教育評価の場面では、学習者が中心となって学習活動に関わるさまざまな記録を収集し、まとめたものを指す。ここで収集されるものはテストの成績やまとめといった学習結果だけではなく、その過程がどのようなものであったのかという記録、その過程における学習者自身の評価・教員の観察記録といったものも含まれる。

　ポートフォリオを用いた評価は、収集対象の決定から、収集内容に基づく評価に至るまで一連の流れの中で行われる。まず学習対象に関して評価の基準を明確にしたうえで、どのような情報を収集するかを決定する。ここでの基準はルーブリックが有効であり、それに基づく評価が与えられるような情報を収集する。収集段階では、関連するものをすべて収集するのではなく、ルーブリックに基づき、適切な情報を選び出す作業も重要となる。そして収集した情報に基づき学習者自身がどのような過程で課題を遂行したのかを客観的に理解する。さらに、学習者と教員との対話によって、課題を振り返るとともに、次の目標を定めていく。

　このような評価方法はパフォーマンス評価と同様に、テスト評価では捉えにくい、より現実的な課題解決場面を想定した中での評価を重視し、学習の過程にも目を向けるべきであるという考えに基づいたものであるといえる。一方で、これらの方法は非常に手間がかかり、教員は、学習者１人ひとりに対する方向づけや検討会を実施しなくてはならない。現在の指導要録にはパフォーマンス評価やポートフォリオ評価が有効であるといえるが、学習活動において何を評価したいのか、それを評価するためにはどのような形式が最適であるのかを見極めるのがもっとも重要である。

C　評価時期による分類

　評価方法は、評価をいつ行うかによっても分類することができる。ブル

ームら（Bloom, Hastings, & Madaus, 1971, 梶田・藤田・渋谷訳, 1973）は、教育活動を実施する前に行う診断的評価、活動実施中に学習の進捗度などを測る形成的評価、最終的な成績判定などに関わる総括的評価に分類している（表10-1）。このような分類は単に時期の問題だけでなく、くだされた評価が何のために用いられるかという考え方にも基づいている。

[1] 診断的評価

　教育活動の実施前に行う評価を診断的評価という。この評価にはクラス分けのための学力評価や、実施内容に関する事前知識の評価が含まれる。このような評価は、主に学力や動機づけなど学習者がどのような状態であるのかを事前に把握するためだけでなく、授業で取り上げる内容や、課題に対しどのような教授法を用いるのかの選択に使用されたりする。

[2] 形成的評価

　活動実施中に学習の進捗度などを測る評価を形成的評価という。これは学習者のその時点までの学習状況を把握することが中心的な目的であり、学習者と教師の双方に教育活動が狙い通りに実施されているかを知るための資料となるものである。このような評価は、特に学習者が躓きやすい内容に対して実施することが重要である。評価の方法は行動の観察から形成的テスト（小テスト）など内容に応じて実施するものであり、これらの評価から達成できなかった目標を再度教授したり、授業計画を再編したりする。

[3] 総括的評価

　所定の教育活動が終了し、その活動に対して最終的に行われる評価を総括的評価という。これによって学習者が所定の目標を達成できたかどうかが評価される。目標達成の確認という位置づけから、期末テストや最終試験などの多くの場合でテスト形式による評価が行われるが、活動内容によって評価形式を変えることも肝要となる。

表 10-1　診断的評価、形成的評価、総括的評価の類似点と差異点
（Bloom, Hastings, & Madaus, 1971，梶田・藤田・渋谷訳，1973, pp. 130-131，表 5-1）

	評価のタイプ		
	診断的	形成的	総括的
機能	クラス分け： －必要とされる技能があるかないかの確認 －あらかじめ習得されているレベルの確認 －各種の教授方法に関係があると思われる様々な特性による生徒の分類 持続的な学習上の問題点のそこにある原因の確認	生徒の学習の進展に関する教師と生徒のフィードバック 治療的な指導の方針をはっきりさせることができるよう単元の構造のなかで誤りを位置づけること	単元、学期、課程の終わりに、単位を認定したり成績をつけたりすること
実施時期	クラス分けのためには、単元、学期、学年が始まる時 通常の教授によって十分学習できないことが一貫して明らかな場合には教授活動の進行中	教授活動の進行中	単元、学期、学年の終了時
評価のなかで強調される点	認知的、情意的および精神運動的能力 身体的、心理的、環境的要因	認知的能力	一般的には認知的能力、教科によっては精神運動的能力や情意的能力も
評価手段のタイプ	予備テスト用の形成的テストと総括的テスト 標準学力テスト 標準診断テスト 教師作成のテスト 観察とチェックリスト	特別に作られた形成的テスト	期末試験、あるいは総括的テスト
評価目標のサンプリング方法	要求される個々の能力に関する特定のサンプル 重み付けをした課程目標群のサンプル 特定の教授方法に関係があると考えられる生徒側の変数のサンプル 身体的、情緒的、環境的要因やそれに関連した能力のサンプル	単元のヒエラルキーにおける相互関連的な全ての課題に関する特定のサンプル	重み付けをした課程目標群のサンプル
項目の困難度	要求される技能や能力の診断には、やさしい項目をたくさん用い、65％以上の通過率	前もって指定できない	非常にやさしい項目から非常に難しい項目まで35％から70％に至る範囲の平均通過率
採点	「規範」あるいは「達成基準」に基づく	「達成基準」に基づく	一般に「規範」に基づく、「達成基準」に基づくこともありえる
得点の報告法	下位技能ごとの個人プロフィール	各課題についての通過・失敗の個人パターン	総合得点、または目標ごとの下位得点

3 評価の際に考慮すべき影響

　前節でみてきたように、評価方法はさまざまな観点からの分類が可能であり、評価の目的に沿って適切な方法を選択する必要がある。これらの評価は文脈に応じて可能な限り「正しい」ものでなければいけないが、評価するのは人であり、妥当性・信頼性のある評価を常に保証することは容易ではない。心理学では、評価はさまざまな要因によって歪むことが示されている。ここでは評価を歪ませうるさまざまな要因を紹介する。

A　ピグマリオン効果

　ピグマリオン効果は、期待をかけた学習者は、そうでない学習者よりも実際に評価が高くなる現象のことを指す。これは教師期待効果とも呼ばれ、ローゼンタールとジェイコブソン（Rosenthal & Jacobson, 1968）の小学生に対する実験的研究で明らかにされた。彼らの実験では、小学校に出向き、児童に対してある知能検査を実施した。このとき彼らは教員に対して、このテストが将来の成績を予測するものであるとし、結果に基づき全体の児童の20%が後に才能を開花させると伝え、教員に「期待」をもたせた。しかし、実際にはこれらの児童はランダムに選ばれたものであり、検査も成績を予測できるものではなかった。そして、この検査実施の1年後と2年後に再び同じ検査を実施した結果、特に低学年の児童で、期待された児童は、そうでない児童よりも高い知能指数を示した。この結果は、教員が特定の児童や生徒に対して何らかの期待をもつことで、関わりに変化が生じ、結果として期待された学習者の成績が伸びたと解釈されている。

　ローゼンタールとジェイコブソンの研究は、教師期待効果を示す事例として広く紹介されているが、必ずしも頑健な結果ではなく、そのような効果はみられないか、みられても小さいとも言われている（Jussim & Harber, 2005）。しかし、評価方法の妥当性と信頼性に注意を払ったとしても、それ以前に教員がもつ期待が学習者の動機づけに直接影響を与え、結果としてその評価も左右する可能性があることを認識しておく必要があるといえる。

B ハロー効果

　ハロー効果は、評価対象の人物に突出した側面があると、その印象が他の評価にも影響を与える現象を指す。たとえば、ある児童が教員と接するときに、礼儀正しい態度であると、教員はその児童を、頭が良く、勤勉で、課題で良い成績を取るだろうと予測してしまうといったものがある。

　フォスターとイッセルダイク（Foster & Ysseldyke, 1976）は、小学校教員に対し、ある児童の行動を撮影したビデオを見せ、その性格や行動を評価するように求めた。この児童は特に何ら障害をもってはいなかったが、評価の際に評価者である教員に対し、この児童は情動障害をもつ、学習障害をもつ、知的障害をもつ、正常であるという教示のいずれか１つを与えた。その結果、与えられた教示によって児童の評価は異なり、障害があるという教示を与えられた教員は、正常であるという教示を与えられた教員よりも，児童の性格や行動を悪く評価しており、評価に行動そのものよりも与えられた教示（ラベル）が影響していることが示された。

　上記の例は極端なものであるともいえるが、教員が「できる子」「できない子」という印象をもつだけで、同じ行動でも歪んだ評価を与えてしまう可能性があるということに留意をしておく必要があるといえる。

C 中心化傾向

　評価対象となる人物が複数いるときに、対象間の差異を明確にできず、結果として評価が評価のものさしの中心付近（たとえば、五段階評価の３を付けたり、「どちらともいえない」という項目に当てはめる）に偏りやすい現象を中心化傾向と呼ぶ。このような評価傾向は、評価の段階が奇数個あり、ちょうど中間の選択肢があるだけでもみられるが、それ以外の場合でもみられる。たとえば内申書のように、評価結果が評価対象者の今後に大きな影響を及ぼす可能性があり、評価者自身がその責任を重くみた場合にみられたりする。また、評価対象者の評価に関連する情報が少なく、評価の決め手に欠くと感じたときにもみられることがある。

　このような傾向を減らすためには、評価方法が中心に偏らない方法を用いるとともに、１人の評価者の評価のみに依存するのではなく、複数人の評価を総合したものを用いたりするといった方法が取られる。そして何よ

り、評価者が評価のねらいをきちんと理解したうえで、評価対象者をよく観察し、評価に必要な情報を収集することが重要となる。

■コラム■ 正規分布と偏差値の理解

　相対評価で多く用いられる偏差値は、評価対象とした母集団において評価が正規分布していることを前提にすることが多い。正規分布とは得点などの平均値周辺にデータが多く、平均値からは離れた位置にはデータが少ないような分布を示す。たとえば、図10-1 に示すような左右対称の釣鐘型の分布は標準正規分布と呼ばれる。このような前提のもと、対象の学習者がこの分布のどこに位置づけられるのかを明らかにするのが偏差値である。

　偏差値を求めるときには、テスト得点など評価の際に得られる数値（素点）を用いる。この数値は 100 点満点のテストであったり、50 点満点のテストであったり、時と場合によって異なる。そこでまず素点を平均（μ）0、標準偏差（σ）1 の分布に合うように $z=(X-\mu)/\sigma$ の式を用いて変換する。この作業を標準化といい、これによって出てきた得点を z 得点という。偏差値（T 得点）はこの z 得点を平均 50、標準偏差 10 の分布に当てはめたものであり、$T=10 \times z+50$ で求めることができる。このようにして算出された偏差値によって、対象人物が分布のどこに位置づけられるのかがわかる。標準正規分布では、平均から 1 標準偏差（σ）の範囲には評価対象全

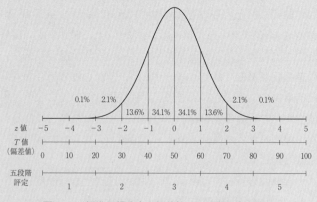

図 10-1　標準正規分布と偏差値、五段階評定の関係

体の約 68.3% が、2 標準偏差の範囲には約 95.5% が含まれる。

　相対評価の項で説明したように偏差値は評価者の主観に影響を受けないことから、教育評価において重視される時代もあった。しかし、1960〜1970 年代の日本では評価や進路指導において過度に偏差値が重視され、学習状況を評価するという目的から、偏差値を上げること自体が目的化されるようになった。その結果として、本人の希望進路に進めないといった問題も指摘されるようになった (樋口, 2005)。この反省から、指導要録には絶対評価が取り入れられ、2001 年の指導要録の改訂で相対評価はみられなくなっている。このような歴史的変遷から偏差値にマイナスイメージをもつ者もいるだろう。しかし、偏差値そのものが悪いのではなく、その内容や意義を理解せず、値の高低のみで判断する姿勢に問題があるのだといえる。

考えてみよう

(1) 相対評価と絶対評価がもつ利点について、具体的に有効となる場面を取り上げながら説明してみよう。
(2) ブルームが示した診断的評価、形成的評価、総括的評価のそれぞれの特徴を、実際の例を挙げながら説明してみよう。

引用文献

Bloom, B. S., Hastings, J. T., & Madaus, G. F.（1971）. *Handbook on formative and summative evaluation of student learning.* New York：McGraw-Hill.
（ブルーム，B. S., ヘイスティングス，J. T., & マダウス，G. F. 渋谷憲一・藤田恵璽・梶田叡一（訳）（1973）. 教育評価法ハンドブック——教科学習の形成的評価と総括的評価 第一法規出版）

Foster, G., & Ysseldyke, J.（1976）. Expectancy and halo effects as a result of artificially induced teacher bias. *Contemporary Educational Psychology,* 1, 37-45.

Gipps, C. V.（1994）. *Beyond testing：Towards a theory of educational assessment.* London：Falmer Press.
（ギップス，C. V. 鈴木秀幸（訳）（2001）. 新しい評価を求めて——テスト教育の終焉 論創社）

樋口とみ子（2005）. 偏差値 田中耕治（編）よくわかる教育評価 ミネルヴァ書房 pp. 172-173.

Jussim, L., & Harber, K. D.（2005）. Teacher expectations and self-fulfilling prophecies：Knowns and unknowns, resolved and unresolved controversies. *Personality and Social Psychology Review,* 9, 131-155.

文部科学省（2019）. 小学校，中学校，高等学校及び特別支援学校等における児童生徒の学習評価及び指導要録の改善等について（通知）文部科学省 2019 年 3 月 29 日〈http://www.mext.go.jp/b_menu/hakusho/nc/1415169.htm〉（2019 年 7 月 31 日）

Rosenthal, R., & Jacobson, L.（1968）. Pygmalion in the classroom. *The Urban Review,* 3, 16-20.

田中耕治（2008）. 教育評価 岩波書店

第Ⅲ編

「発達障害」の理解

第 11 章　発達障害とは

第 12 章　発達障害への教育支援

第11章 発達障害とは

本章のポイント

　本章では、発達障害についての基本的な事柄を整理し、発達障害のある子どもの臨床像や対応の基本を具体的に解説する。代表的な発達障害として、教育場面で多く出会うであろう自閉スペクトラム症、学習障害、注意欠陥／多動性障害*の3つを取り上げた。

　2022年の文部科学省の調査では、学習や行動面で著しい困難のある児童生徒は小中学校の通常学級に約8.8%在籍するとされ、発達の偏りは決してまれなものではない。教育に携わる者にとって、発達障害の知識は必須であり、その知識は、障害の有無にかかわらず、1人ひとりの特性を見極めたより良い教育へとつながる。本章が、人間の多様性と教育の果たすべき役割を考えるきっかけとなることを願っている。

*注意欠陥／多動性障害は、法律の条文や診断基準により表記が異なる。本書ではできるだけ原典に忠実に記載したが、いずれも同一のものと考えてほしい。

1 発達障害の概念

A 発達障害の行政的定義

　発達障害（Developmental Disabilities）の概念は、1960年代にアメリカで生まれ、その後世界に広まったが、その定義は国際的に統一見解があるものではなく、それぞれの国の歴史や施策により異なっている。

　日本では、2005年4月に施行された発達障害者支援法により、「自閉症、アスペルガー症候群その他の広汎性発達障害、学習障害、注意欠陥多動性障害その他これに類する脳機能の障害であってその症状が通常低年齢において発現するもの」と定義されている。先に挙げられた3つの障害以外には、コミュニケーション障害や運動障害が想定されており、欧米では含まれる知的障害は除外されている。当時は、知的障害を伴わない自閉症や学習障害、注意欠陥／多動性障害の存在が知られるようになってきていたが、これらは既存の障害のどれにも属さず、適切な支援がないことが大きな問題となっていた。発達障害者支援法はこれらの障害のある人々に対する支援の根拠として策定されたため、既に支援の対象になっている知的障害は除かれたわけである。しかし、行政の枠組み以外では、知的障害も含めたより広義の概念として、発達障害という言葉が使用されることもあるので留意すべきである。

　また、実際には、発達期における知能指数は変動しやすく、一時的に知的障害を有する状態であったとしても、その後良好な発達を遂げて標準的な知能指数を示すようになることもあるし、その逆もありうる。子どもの認知発達は階段をのぼるような経過をたどり、あるとき急にわかることが増えたと思うと、少し停滞しているように見える時期を過ごすこともあり、知能検査を実施したタイミングによって知能指数は上下する。子ども時代のある時点で測定された知能指数が、成人期まで維持されるというわけではない。したがって、知的障害は、知的発達の経過を追い、その時々の適応状態を見極めながら慎重に診断されることとなる。発達障害を語るときには、合わせて知的障害についても一定の知識を持っておく必要がある。

B 発達障害の医学的定義

　先に挙げられている主な3つの発達障害についての医学的診断基準としては、世界保健機構（WHO）が作成するICD（国際疾病分類：International Classification of Diseases）と、アメリカ精神医学会が作成するDSM（精神疾患の診断・統計マニュアル：Diagnostic and Statistical Manual of Mental Disorders）がある。これらは、最新の知見を取り入れつつ改訂を繰り返しており、2020年1月現在、日本では、ICD-11の翻訳が待たれており、DSM-5は日本語訳の出版から5年を経て、広くその内容が知られるようになってきている。

　DSM-5では、発達障害者支援法の中にある「自閉症、アスペルガー症候群その他の広汎性発達障害」は、それらが連続体であると考えたほうが理解しやすいという指摘が以前からあり、「自閉スペクトラム症：ASD（Autism Spectrum Disorder）」としてまとめられた。また、学習障害（LD）は「限局性学習症」、注意欠陥／多動性障害は「注意欠如・多動症（AD/HD）」と翻訳されるようになり、最近はこの表記を目にすることも増えてきた。今後、ICD-11での訳語や法律用語がどのようになるかはまだ詳細が明らかでない。呼名が混乱しやすい時期であるが、本章では、現在の社会の中で最も耳にすると思われる用語で統一することとし、以下、自閉スペクトラム症（ASD）、学習障害（LD）、注意欠陥／多動性障害（ADHD）とそれぞれ表記することとする。

C 発達障害の概念のまとめ

　発達障害は、国によって多少の定義の相違があるが、脳機能の障害（うまくはたらかないこと）から、発達に遅れや偏り、歪みが生じ、そのために子ども時代から社会適応上の困難が生じている状態であり、代表的なものとして自閉スペクトラム症（ASD）、学習障害（LD）、注意欠陥／多動性障害（ADHD）の3つが挙げられる、とおおまかに理解しておくとよい。

■■■ コラム ■■■ 　知的障害

　知的障害はさまざまな定義があるが、いずれも①客観的に知的能力が低いこと、②社会適応上の困難があること、③それらが18歳以前の発達期か

ら生じていること、の3要素により構成されている。知的障害の原因は、生理型・病理型・心理社会型などがあるが、明確に区別することは困難で多くの場合は原因不明とされる。男女比は1.5：1で男性の方がやや多い。内閣府の2018年のデータでは、日本に約108万2,000人いるとされる。

　知的障害の重症度は、概念的・社会的・実用的領域の3つに留意し、最重度、重度、中等度、軽度の4段階に評価される。軽度が圧倒的に多く、全体の85％を占めると考えられる。現在は重症度の分類にIQは用いられないが、参考までに表11-1におおよその目安を示す。また、通常学級において学業不振のある子どもの中には、知的障害と標準知能との境目のあたりに位置するケースが一定数あることに留意したい。そのような子どもたちは、状況判断がうまくできない、学業の習得に時間がかかる、感情や行動の抑制がききにくいなどからASDやADHDではと誤解されていたり、年齢が上がるにつれて、話の内容をよく理解できなくても周囲に同調してその場に合わせることに慣れ、理解力の困難が気づかれにくかったりすることもある。他者から利用されたり騙されたりする中で人間不信に陥ったり、感情の起伏が激しいことから精神面や性格の問題と思われてしまうこともある。実際に、知的能力に制限がある場合、気分障害や不安障害等の精神障害を合併する割合は正常知能の青少年の4〜5倍とも言われ、自殺念慮・自殺企図も一般に考えられているよりはるかに高い（栗田，1997）。

　知的障害は、早期発見、基礎疾患や身体的合併症の検索・治療、療育や家族相談などのきめ細かな支援が必要で、対応は狭義の発達障害とほぼ同様である。あわせて持っておきたい知識である。

表11-1　知的障害の程度と割合、成人期に到達しうる精神年齢の目安

知的障害の程度	IQ	成人期に到達しうる精神年齢の目安	おおよその割合
軽度	IQ70〜50	9〜12歳程度	85%
中等度	IQ49〜35	6〜9歳程度	10%
重度	IQ34〜20	3〜6歳程度	3〜4%
最重度	IQ20未満	3歳未満	1〜2%

※適応の困難度を含めて総合的に判断する

2　発達障害における医療の現状と教育の役割

　発達障害の原因は、現時点では解明されておらず、診断の決め手となるようなバイオマーカーも見つかっていない。そのため、診断は、診察室での行動観察、家族からの聞き取り、WISC 等の知能検査や発達検査、場合によっては通園・通学先からも広く情報収集し、定型発達からの乖離を検討し、総合的に行うこととなる。診断には時間も人手もかかり、高度に専門的な知識や技術を要する。また、子どもは発達に伴い刻々と変化するため、即座に診断を下さず経過を見て診断を確定することが適切なケースもある。

　根本的な原因が不明であるため、薬物は対症療法として使用することとなるが、子どもは症状や薬の効果を言語化することが難しく、薬物療法の効果や副作用の判断は慎重を期す必要がある。治療的対応についても、さまざまな技法や工夫が蓄積されてきてはいるが、それぞれの障害に特化した絶対的な方法があるわけではない。個々の特性と発達段階に合わせたオーダーメイドの治療プログラムが必要となり、しかも本人の発達に伴ってそれを調整し続けることとなる。このような複雑な治療に携わる医師は増えてきているものの、受診ニーズに見合った数にまでには行きついておらず、初診にたどりつくまで半年待ちということもまれではない。

　今後、科学技術や研究が進むことにより、明確な原因がつきとめられ、診断や治療が確立する日が来るかもしれないので、新しい医学的知見には敏感である必要がある。しかし、発達障害は、いかに医療が充実したとしてもそれだけで完結するものではなく、発達を促すための心理・教育的働きかけや、彼らが生活しやすくなるためのサービスや社会環境づくりといった福祉的視点が不可欠である。

　学校現場では、診断がないと対応できないというわけではない。どのような診断名がついているとしても（ついていなくても）、もし集団教育の中で難しさのある児童生徒がいれば、本人の行動をよく観察し、対話を密にしながら、負担なく学びやすい環境を整備し、個別の配慮のもとに、温かく成長をうながし続ける姿勢が重要である。その意味で、子どもが多くの時

間を過ごす学校教育の果たす役割は、非常に大きく、重いものである。

3 主な発達障害とその概要

A 自閉スペクトラム症 (Autism Spectrum Disorder)

[1] 自閉スペクトラム症 (ASD) の定義

文部科学省は、自閉症を「3歳位までに現れ、①他人との社会的関係の形成の困難さ、②言葉の発達の遅れ、③興味や関心が狭く特定のものにこだわることを特徴とする行動の障害であり、中枢神経系に何らかの要因による機能不全があると推定される」と定義している。また、高機能自閉症を知的発達の遅れを伴わないもの、アスペルガー症候群を知的発達と言葉の発達の遅れを伴わないものとし、広汎性発達障害に分類される、としている。しかし、知的機能の高低にかかわらず共通する特性があることから、これらを連続体としてとらえるスペクトラムという概念が以前から提唱されていた。また、診断基準においては、上記の症状が「自閉症の三主徴」と呼ばれてきたが、対人関係の障害と言語コミュニケーションの障害を明確に分けることが臨床的に困難であることや、言語発達の遅れのないアスペルガー症候群を取り入れるために整理する必要が生じた。

そこで、最新の知見が反映されているDSM-5では、①対人的・社会的相互関係を保つことの難しさと、②行動や興味が限定され反復的であることの2つを診断基準とし、自閉スペクトラム症 (ASD) としてまとめられることとなった。また、この間、さまざまな感覚の敏感さや鈍感さがあることが当事者研究などから知られるようになり、診断基準の中に記載されるようになったこと、成人期の診断がしやすくなったことなどが変更点である。

[2] 自閉スペクトラム症の臨床的症状

ここでは、先に述べたDSM-5における2つの診断基準に沿い、子ども時代に多い特性を記述することとする。自閉スペクトラム症の臨床症状の有無や程度は人によりさまざまであり、発達の過程で目立たなくなったり、

強まったりするなど、同じ個人内でも年齢や置かれる環境、精神状態など
によって移り変わってゆく。

(1) 対人的コミュニケーションおよび対人的相互交流の障害

● 対人 - 情緒的な相互性の障害（対人的な相互交流が難しい、他者と興味や感情
を共有することが少ない、会話が成立しない、など）

● 対人的相互交流のために用いられる非言語的コミュニケーション行動の
障害（アイコンタクトやボディランゲージ、表情、身振りなど、非言語的コミュニケ
ーションの理解や使用が難しい）

● 仲間関係の発展、維持、理解の障害（ごっこ遊びの共有や友人づくりの難しさ、
仲間への関心の薄さなど）

(2) 限局された反復する行動や興味

● 常同的・反復的な言語、運動あるいは物の使用（決まった身体の動きや単調
な遊び、言葉の繰り返しなど）

● 同じことへの固執、習慣や儀式的パターンへの過度のこだわり（同じ道順
や手順に固執する、いつもと違うと激しい苦痛を示すなど）

● 著しく限局的で固着した興味（一般的でないものに強く興味を持ち、固執する
など）

● 感覚刺激への過敏あるいは鈍麻、環境の感覚的側面に対する異常なほど
の興味（痛みに鈍感、匂いに敏感、特定の音や触感に不快を示すなど）

[3] 原因と疫学

　自閉スペクトラム症の原因は特定されていないが、何らかの脳機能障害
であると考えられている。有病率の報告は1990年代から増加の経過をた
どっており、2015年のレビューでは1,000人に7.6人というデータがある
（Baxter et al., 2015）。増加の原因としては、他の発達障害同様、診断基準の整
備や障害の社会的認知などが関与していると考えられるが、実数として増
えているかどうかは明らかになっていない。きょうだいでの発症一致率は
20%程度と考えられ、何らかの遺伝的な要素も関与している可能性がある
が、単一遺伝子の問題ではなく、要因は複雑に絡んでいると推測されてい
る。性比はおよそ4:1で男性に多いとされる。

[4] 自閉スペクトラム症（知的障害を伴わない）の事例[1]（男性・高校生）

　乳児期は非常に過敏であやしても泣き止まず、睡眠のリズムが整いにくかった。定頸や始歩に遅れはないが、初語が遅く、ようやく単語が出始めてもなかなか増えなかった。離乳食の頃は何でも食べていたが、2歳くらいから偏食が強くなり、同時に、おもちゃの車のタイヤを回して眺めることに没頭する、いつもの道順を変えるとひどいかんしゃくを起こすなど、対応の難しい行動が増えた。保育園に毎日通うようになると、繰り返しの生活で見通しがきくようになり少し落ち着いた。会話がかみ合うようになると、事前の説明で納得することが増えた。この頃から他児とのおもちゃ遊びなどができるようになったが、幼児期特有の次々とルールを作りながら展開していくような遊びにはついていけなかった。また、どうしても体操着の素材の感触が苦手で、運動会は同色で別素材のものを準備して臨んだ。

　小学校入学後は、一斉指示の聞き取りが難しく、個別の声かけを受けたり、周囲の様子を見て動いたりしていたが、学業は、家庭や塾での予習により自信を持って参加できた。休み時間やグループ学習では所在なげにウロウロすることが多く、周囲の大人は心配したが、本人は気にしていなかったようである。中学では、課題や活動にまじめに取り組むことが評価された。それをからかう生徒もいたが、部活の仲間に恵まれ、集団に所属することの良さを実感できた。高校では、「ちょっと間が悪いところがありますが、平和主義です」と自己紹介し、気の合う友人が何人かできた。進路については、友人は就職に有利な学部を選択したようだが、自分は興味のないことに取り組めないので大学では好きな歴史を勉強したいと主張した。

B　学習障害（Learning Disabilities）

[1] 学習障害（LD）の定義

　ASD や ADHD は医学用語と教育用語がほぼ一致している。しかし、教育用語としての LD と、医学用語としての LD とでは、定義がかなり異なることを理解しておく必要がある。

　医学領域における学習障害は、「学力の特異的発達障害」（ICD-10）、また

は「限局性学習症」(DSM-5)と称され、いずれも顕著な感覚障害や教育歴等の問題がないにもかかわらず、知的発達から期待される読み・書き・算数の学業成績に著しい遅れを示す場合に診断される。「聞く」「話す」能力については、コミュニケーション障害の枠組みで扱われる。

　それに対して、教育用語としてのLDは、医学用語のLDより幅の広い概念であり、「学習障害とは、基本的には全般的な知的能力に遅れはないが、聞く、話す、読む、書く、計算する又は推論する能力のうち特定のものの習得と使用に著しい困難を示すさまざまな状態を指すものである。学習障害は、その原因として、中枢神経系に何らかの機能障害があると推定されるが、視覚障害、聴覚障害、知的障害、情緒障害などの障害や、環境的な要因が直接の原因となるものではない。」と定義されている。

[2] 学習障害の臨床的症状

　文部科学省が行う実態調査では、LDの可能性がある児童生徒の把握に、表11-2のようなチェックリストを用いており、学校現場におけるLDの理解に活用できるので紹介する。

[3] 原因と疫学

　学習障害の原因は特定されていないが、他の障害と同様、中枢神経系の機能障害と考えられている。学習障害のうち、最も多いのは読字障害(Dyslexia：ディスレクシア)であり、読字障害があれば高率に書字障害も伴う。英語圏では古くから、知的な遅れはないが文字を読むことに著しく困難のある事例が知られていたのに対し、日本での報告は少ない。それは日本語のひらがな・カタカナが基本的に1音1文字で表記される表音文字であり、文字の習得の初期段階において問題が見えにくいためと考えられる。気をつけて観察すれば、特殊音節(長音、促音、拗音など)の読みや、少数の例外(たとえば助詞の「は」を「わ」と発音するなど)の習得に時間がかかるなどの特徴がみられることがある。また、仮名文字の習得には問題がないように見えても、漢字やローマ字、英語を学び始める頃に困難が明らかになってくる場合もある。

　上記のように、言語体系を強く反映するため、学習障害の有病率は国に

表 11-2　学習面における児童生徒の困難の状況（文部科学省，2012，調査項目より一部改変し作成）

「聞く」	● 聞き間違いがある（「知った」を「行った」と聞き違える） ● 聞きもらしがある ● 個別に言われると聞き取れるが、集団場面では難しい ● 指示の理解が難しい ● 話し合いが難しい（話し合いの流れが理解できず、ついていけない）
「話す」	● 適切な速さで話すことが難しい（たどたどしく話す。とても早口である） ● ことばにつまったりする ● 単語を羅列したり、短い文で内容的に乏しい話をする ● 思いつくままに話すなど、筋道の通った話をするのが難しい ● 内容を分かりやすく伝えることが難しい
「読む」	● 初めて出てきた語や、普段あまり使わない語などを読み間違える ● 文中の語句や行を抜かしたり、または繰り返し読んだりする ● 音読が遅い ● 勝手読みがある（「いきました」を「いました」と読む） ● 文章の要点を正しく読みとることが難しい
「書く」	● 読みにくい字を書く（字の形や大きさが整っていない。まっすぐに書けない） ● 独特の筆順で書く ● 漢字の細かい部分を書き間違える ● 句読点が抜けたり、正しく打つことができない ● 限られた量の作文や、決まったパターンの文章しか書かない
「計算する」	● 学年相応の数の意味や表し方についての理解が難しい （三千四十七を 300047 や 347 と書く。分母の大きい方が分数の値として大きいと思っている） ● 簡単な計算が暗算でできない ● 計算をするのにとても時間がかかる ● 答えを得るのにいくつかの手続きを要する問題を解くのが難しい （四則混合の計算。2つの立式を必要とする計算） ● 学年相応の文章題を解くのが難しい
「推論する」	● 学年相応の量を比較することや、量を表す単位を理解することが難しい（長さやかさの比較。15 cm は 150 mm ということ） ● 学年相応の図形を描くことが難しい（丸やひし形などの図形の模写。見取り図や展開図） ● 事物の因果関係を理解することが難しい ● 目的に沿って行動を計画し、必要に応じてそれを修正することが難しい ● 早合点や、飛躍した考えをする

　よってかなり異なる。日本では、医学的診断をもとにしたデータではないが、文部科学省が 2012 年に「通常の学級に在籍する発達障害の可能性のある特別な教育的支援を必要とする児童生徒に関する調査」（**表 11-2** のチェックリスト使用）を実施しており、その結果では LD 様の状態にある児童生徒は 4.5% 程度とのことである。性比は 2：1〜4：1 で男性に多いとされる。

[4] 学習障害の事例（女性・高校生）

　幼児期の終わり頃まで、親は特に発育の遅れを感じなかった。手順やしくみを飲み込むまで時間がかかり、あまり器用とは言えなかったが、何事にも前向きに取り組み、入学前までにひらがなや数字は一通り読み書きできるようになった。小学校に入学して半年後、周囲の子どもたちは指を使わずに足し算ができ始めたが、1人だけ数え足しから抜けられなかった。アナログ時計は何度教えても理解できず、2年生でやっと読めるようになった。九九はできたが、長さ・かさ・重さなどの計測や単位換算などは、実物を用いて体験しないとわからず、数量概念の弱さが感じられた。

　3年生で専門医にかかり、知能検査やさまざまな神経心理学的検査を受ける中で、「学習障害の疑い」と診断された。他の教科の成績は全般に良かったこともあり、「算数をもう少し頑張りましょう」とよく言われたが、実は算数の勉強にはかなり時間をかけていて、その時々に取り扱う単元により成績が上下することはなかなか理解されなかった。中学校に進学し、直接数字を取り扱うよりも推論する能力を問われる課題が増えると授業についていけず、数学だけでなく学業全般に自信を無くしがちとなったが、理解ある家庭教師が基本だけはと教材をいろいろ工夫して説明してくれ、ゆっくりだが理解できるようになるという実感が支えとなった。高校も後半に差しかかると選択科目が増え、数学に接する機会はなくなった。日常生活の中で使用する計算はさほど複雑なものではないし、電卓やパソコンなどのツールも利用できる。「私はどうにも算数が苦手なので」と伝えれば、誰か得意な人が代わってくれる。算数が特異的に苦手であることは自分のほんの一部分であり、子ども時代のようにおおごとに捉えなくても良かったのかもしれないと思い始めている。

C　注意欠陥／多動性障害（Attention-Deficit/Hyperactivity Disorder）

[1] 注意欠陥／多動性障害（ADHD）の定義

　文部科学省は「ADHD とは、年齢あるいは発達に不釣り合いな注意力、及び／又は衝動性、多動性を特徴とする行動の障害で、社会的な活動や学業の機能に支障をきたすものである。また、7歳以前に現れ、その状態が

継続し、中枢神経系に何らかの要因による機能不全があると推定される。」
と定義している。なお、DSM-5 では、「注意欠如・多動症」と表記されるよ
うになり、症状の発現する年齢が 7 歳から 12 歳へと引き上げられ、不注意、
衝動性・多動性が必ずしもすべての人に存在するとは限らないことが記載
されている。

　子どもは元来多動であり、注意や衝動のコントロールは幼児期から学童
期にかけて徐々にできるようになるものであるが、それが年齢や発達段階
に見合わない場合で、6 か月以上持続している場合に ADHD と診断される。
したがって、ADHD の診断は、幼児期後期から小学生くらいまでの間に、
経過を見たうえでなされることが多い。

[2] 注意欠陥／多動性障害の臨床的症状

　診断基準にある 3 つの症状について、子ども時代によく見られる症状を
まとめる。

(1) 不注意（特定の事物に選択的に意識を向けることがうまくできない）
- 注意が持続せず、気が散りやすい
- 他に注意が向き、話を聞いていないように見える
- 見落としやケアレスミス、忘れ物、なくし物が多い
- 最後まで活動をやり遂げることができない
- 活動を順序立てて計画的に遂行できない

(2) 多動性（運動の調節がうまくできない）
- 着席しているべきときに席を離れる
- じっとしていることが期待されるときに動き回る
- 着席していても身体を動かし続ける
- しゃべり過ぎる

(3) 衝動性（行動の抑制ができない）
- 質問が終わらないうちに答える
- 他者の発言を遮って話し始める
- 順番を待てない

[3] 原因と疫学

　注意欠陥／多動性障害の原因はいまだ特定されていない。日本での有病率は 5% 程度と推定されているが、ASD 同様、診断基準の変更や障害の認知度により変動の可能性のある数字である。性比は学齢期においては 4：1〜9：1 と男児に多いとされるが、成人期には 2：1 とも 1：1 とも言われる。この理由については、男児の症状が女児に比較して改善されやすいのか、女児に不注意が優位なタイプが多く見逃がされやすいためか、などさまざまに議論されているが結論を見ていない。ADHD の 30% 程度に LD が併存するとされている。

[4] 注意欠陥／多動性障害の事例（男性・高校生）

　乳児期には特筆すべきことはなかったが、1 歳になり立って歩くようになると多動で目が離せず買い物もままならなかった。保育園に登園すると多くの刺激に行動が散漫になり、物を所定の位置に片づけるなどの習慣がなかなか身につかず、終わるまで見守るなどの対応が必要であった。人懐こいが、興味に任せて動くので誰かとじっくり遊ぶことは少なかった。年中までは立ち歩きが多かったが、年長の間に着席すべき時間には席にいられるようになった。小学校では、通学・持ち物の管理などにしばらく大人の手が必要だった。授業では、窓の外を見たり、机の中の物をいじったり、上履きを脱ぎ履きしたりと落ち着きなく、教科書のページの指示を聞き逃し隣の子に助けられることは高学年まで続いた。しかし、感受性が高く発想豊かで、皆がハッとするような発言をして一目置かれることもあった。

　中学生になると、学業・部活・習い事などを両立させることが難しく、要領の悪さが目立ってきた。感情の起伏が激しく、学校では周囲の期待に沿うよう過剰に適応的に振舞っているようだが、家族には時に手をつけられないような激しさを見せた。高校生になり、自己にいっそう関心が向くと、自分が皆より感情や行動のコントロールに苦労しているらしいと気づき、悩み始めた。担任の先生の「欠点は自覚できれば直せるものだ」という言葉を信じ、自分なりにいろいろ工夫してみているところである。

4 合併診断

　前述の 3 つの発達障害は、以前から関連しあうことが指摘されており、たとえば、ADHD と LD はかなり高率に合併することが示されていた。また、ASD と ADHD については、症状が類似していることや両方の特性があると考えたほうが理解しやすい事例があることがしばしば報告されていたが、その場合より重篤な障害である ASD の診断を優先するという決まりがあった。DSM-5 では両者の診断の併記が認められるようになったため、最近は複数の診断名のあるケースも増えてきている。

　なお、学校教育現場では、診断名にとらわれすぎず、どう理解した方が教育や対応をしやすいかという視点で支援を組み立てていくとよい。たとえば、「空気が読めない」「優先順位がつけられない」「マイペース」などと評される状態像があるとき、行動の修正を急ぐのではなく、それがどのようなメカニズムで生じているのか、行動をよく観察し、子ども本人と対話を重ねてみることが推奨される。そもそも自分が場面にそぐわない行動をとったことに気づいていないのか、それともわかっていても抑制がきかなくてそのような行動をとってしまうのかを把握することで、大人は必要な支援を提供しやすくなる。また、子どもにとっては、自分の事情に耳を傾けたうえで適切に導いてもらえたという体験となるであろう。

5 併存しやすい精神医学的症状と治療・予防

　発達障害への対応は、早期の発見・診断、環境調整、治療教育、家族相談などで、必要に応じ薬物療法を併用するのが一般的である。そのような対応を心がけてきても、発達障害児・者は、本来精神面における不調をきたす可能性が高いと考えられている。たとえば、思考の固さ、感情のコントロールの困難さ、対処スキルの未熟さなどから、不安、うつ、強迫症状などを経験する割合は通常よりも明らかに高いことがさまざまな文献で示

されている。また、脳神経の過剰な電気活動によるてんかんを併発しやすいこともよく知られている。これらの精神医学的症状には、程度の差はあれ、何らかの生物学的要因が関与していることが想定される。

　そのような生来の特性が理解されず、通常の育児や教育の方法ではうまくいかないために周囲の大人との関係が悪化してしまったり、余裕のない同年齢集団で仲間はずれにされてしまうなどの体験を重ねる例もある。そのような過酷な環境に置かれ続け、抑うつやフラッシュバック様の症状を示したり、不安が強く気軽に社会参加できなくなってしまったり、行動上の問題を多く抱えてしまったりする、いわゆる「二次障害」といわれる状態に陥ることもありうる。

　子どもの一般的な心理的治療としては、低年齢ではプレイセラピー、小学校高学年くらいからはカウンセリングがあるが、発達障害児の場合、精神的に不調となってから、もともと不得手とされる自由度の高い対人コミュニケーション場面に置かれるのでは、治療的効果は限定的であると言わざるを得ない。もちろん不調をきたしてからでも精一杯治療的働きかけを行うことは専門家の使命であるが、幼少期からの継続的な治療教育の重要性があらためて指摘されている。

　治療教育は、「発達障害や行動障害あるいは情緒障害を持った子どもたちに対して、現在得られた精神医学、心理学の知識を可能な限り適用して、教育的な方法により、障害の克服と代償のために働きかける治療の体系」と定義され、子どもの発達に合った課題や働きかけは、それ自身が動機づけになり意欲と自己肯定感を育てることになる（太田・永井・武藤, 2015）。したがって、精神面の不調の予防としての効果も期待される。

　良好な人間関係の中で、認知・言語・運動・集団生活などに関する具体的な課題学習やスキル訓練などの形をとりつつ、発達に伴って感情の表現やコントロール、自己理解などの内面的な成長を促すような働きかけへとゆるやかに移行していくような治療教育は、1つの専門機関だけでなく、家庭や学校、地域などさまざまなところが少しずつ担い、連携する中で実現されるものである。

　1人の子どもとして、特性を十分理解し、適切な教育を社会全体で行うことができれば、発達障害児・者特有の純粋さ、素直さ、まじめさなどが

良い形で発揮され、非常に魅力ある大人として成長する。彼らの育ちを支えることは、障害の有無を越え、1 人ひとりを大切にした教育そのものである。そのようにして良好な成長をとげた多様な人間が集まり、互いに補い合う社会は、柔軟で問題解決能力が高く、誰もが幸せに生きることへとつながっていくであろう。

注)

1) 本章の事例は本質を損わないよう改変し、典型的な状態像となるよう記述した。

引用文献

Baxter, A. J. et al.（2015）. The epidemiology and global burden of autism spectrum disorders. *Psychological Medicine,* **45**（3）, 601-613.

栗田広（編）（1997）. 精神遅滞の精神医学　精神医学レビュー 23　ライフ・サイエンス

文部科学省（2012）. 通常の学級に在籍する発達障害の可能性のある特別な教育的支援を必要とする児童生徒に関する調査結果について
http://www.mext.go.jp/a_menu/shotou/tokubetu/material/1328729.htm（最終アクセス：2019 年 10 月 27 日）

太田昌孝・永井洋子・武藤直子（編）（2015）. 自閉症治療の到達点（第 2 版）日本文化科学社

考えてみよう

・・・・・・・・・・・・・・・・・・・・・・・・・・・・・

(1)　35 人の学級には何人くらいの発達障害の可能性のある児童生徒がいると想定されるか、有病率から計算してみよう。また、学級の中で、それらの児童・生徒の長所を引き出すために、どのようなことができるか考えてみよう。

(2)　わが子に発達障害があるとわかったとしたら、どのように感じ、考え、行動するだろうか。また、どのような支援が必要であり、その支援をどのような機関や人に求めることができるか、挙げてみよう。

第 12 章

発達障害への教育支援

本章のポイント

　教員免許状取得の過程で必要とされる介護等体験を通じて、特別支援学校について知っている人は多いだろう。支援の種類や程度は異なるが、特別支援学校だけでなく通常の学級においても、近年、特別支援教育の必要性が増している。発達障害や、発達障害の傾向を持つ児童生徒が通常の学級に一定の割合で在籍していると考えられるからである。また、自分が担任である学級において特別支援教育を行おうと試みたとしても、教員1人ではさまざまな困難がある。本章では、通常の学級における特別支援教育をめぐる状況、特別支援教育を支えるしくみ、特別支援教育を必要とする児童生徒への支援方法のポイントについて述べる。

1 特別支援の考え方

A 特殊教育から特別支援教育、インクルーシブ教育へ

　これまで、障害の種類やその程度に応じて、盲学校や聾学校、養護学校を中心に、特殊学級や通級指導教室といった特別な場において特殊教育が行われてきた。そのような中で、2002（平成14）年に文部科学省が実施した調査によって、知的発達に遅れはなく通常の学級に在籍している児童生徒の 4.5% に学習障害（LD）[1] の特徴がみられ、2.5% の児童生徒には注意欠陥/多動性障害（ADHD）[2] と同様の特徴が、0.8% の児童生徒には高機能自閉症[3] のような特徴がみられたことが報告され、学習面か行動面のいずれかに困難を示している児童生徒が 6.3% にのぼることが明らかにされた（文部科学省, 2002）。また、この調査では問題が重複していることも示されており、LD のように学習面に問題のある児童生徒のうちの 1.1% は、ADHD の特徴としてみられる不注意や多動性・衝動性の問題も併せ持ち、学習面に問題のある児童生徒のうち 0.3% は高機能自閉症のように対人関係や社会性にも問題がみられることが示された。さらには、0.4% の児童生徒はADHD と高機能自閉症の特徴的問題を、0.2% の児童生徒は LD、ADHD、高機能自閉症の特徴的問題すべてを併せ持っていることが報告されている。これらの結果は、困難を示す児童生徒が 1 学級に複数名在籍していると推測される割合である。このような調査を通して、通常の学級に発達障害のある児童生徒が実際に在籍していることが周知されるようになった。

　その後、2007（平成19）年度に「学校教育法等の一部を改正する法律（平成18年法律第80号）」が施行され、特殊教育は特別支援教育へ、特殊学級は特別支援学級へと名称が変更された。大きな変更点は、これまで対象であった障害（視覚障害・聴覚障害・知的障害・肢体不自由・病弱・身体虚弱・言語障害・情緒障害）だけでなく、LD や ADHD、高機能自閉症も対象として含められたことであり、さらには障害の種類にとらわれることなく、初等中等教育機関で教育を行っていく考えが示されたことである。文部科学省は、2005（平成17）年に「特別支援教育を推進するための制度の在り方について」で“特別支援教育とは、障害のある幼児児童生徒の自立や社会参加に向けた

主体的な取組を支援するという視点に立ち、幼児児童生徒一人一人の教育的ニーズを把握し、その持てる力を高め、生活や学習上の困難を改善又は克服するため、適切な指導及び必要な支援を行うものである"と定義している。初等中等教育の場では、年齢によって学びの段階が分けられ、一般的な発達段階に応じた教育が行われているが、そのような教育の中では充分な効果を得ることができない障害を抱える子どもたちがいる。また、障害というほどではないが、一般的な教育場面での学びや活動が困難な子どもたちもいる。それぞれの子どもたちが自立できるよう、個々に応じた支援を行うのが特別支援教育なのである。現在は、特別支援学校だけでなく、すべての学校（幼稚園、小・中・高等学校、中等教育学校）において特別支援教育を行うことが法律で定められている。

　2002（平成14）年に文部科学省が行った調査と同様の調査が10年後に実施されたが、前回と同様に6.5%の児童生徒にLDやADHD、高機能自閉症の可能性が示された。また、この6.5%の児童生徒以外にも何らかの困難を示し、支援を必要としている児童生徒がいることも報告された（文部科学省, 2012）。このような調査結果から明らかなように、近年は障害が重複化・多様化の傾向にあり、障害の種類を限定し、それに特化した教育だけでなく、柔軟な対応が求められているのである。

　2011（平成23）年の障害者基本法の改正によって、障害者の範囲に発達障害が加えられ、2016（平成28）年には障害者差別解消法により合理的配慮が法的義務となった。合理的配慮とは、「障害者が他の者との平等を基礎として全ての人権及び基本的自由を享有し、又は行使することを確保するための必要かつ適当な変更及び調整であって、特定の場合において必要とされるものであり、かつ、均衡を失した又は過度の負担を課さないもの」と障害者の権利に関する条約の第2条に定義されている。つまり教育場面では、障害のある子どもが、他の子どもと平等に教育を受けることができるように、状況に応じた変更や調整を個別に行うことであり、それと同時に配慮する側にとっても過度の負担とならないことが含まれている。

　2012（平成24）年に文部科学省より「共生社会の形成に向けたインクルーシブ教育システム構築のための特別支援教育の推進（報告）」が示され、すべての人々がともに生きる社会の基盤として、特別支援教育を発展させて

ゆく必要性が説かれている。インクルーシブ（inclusive）とは、すべてのタイプの人々を含む、という意味であり、インクルーシブ教育とは、障害などに関係なくすべての子どもたちがともに学び、ともに生きていくことを目指す教育である。その方向性として、障害のある子どもと障害のない子どもができるだけ同じ場でともに学ぶことを目指すことが示されており、通常の学級における特別支援教育の充実が望まれている。

B　特別支援教育の現状

　近年、少子化が進み、通常の学級は減少傾向にある。表12-1に示したように、小学校の学級数は2008（平成20）年度に250,991学級あったが、10年後の2018（平成30）年度には229,439学級となり、21,552学級も減少している。小学校と同様に中学校もこの10年間で8,153学級減少している。それに対して、特別支援学級は小学校で16,534学級、中学校で6,543学級増加しており、さらには特別支援学校も111校増加し、在籍者数は26,344名増加している。通級による指導を受けている児童生徒も年々増加傾向にある（図12-1）。障害のある子どもが増加しているかは定かではないが、特別支援学級や通級指導、特別支援学校で教育を受けることを希望する児童生徒およびその保護者が増加していることは推測できる。

　このような流れを受け、文部科学省は2007（平成19）年に「特別支援教育の推進について（通知）」において、特別支援教育を支えるために必要な学校の体制整備や取り組みとして以下6つを挙げている。

①特別支援教育に関する校内委員会の設置：障害のある児童生徒の実態把握や支援方法の検討を行うために、校内に特別支援教育に関する委員会を設置しなければならない。

②実態把握：特別な支援を必要とする児童生徒の存在や状態を把握する。家庭でも支援ができるよう、保護者と話し合う。

③特別支援教育コーディネーターの指名：特別支援教育コーディネーターは校長によって指名され、校内委員会や研修の企画運営、関係諸機関との連絡調整、保護者の相談窓口となる。

④関係機関との連携を図った「個別の教育支援計画」の策定と活用：特別支援学校では、医療や福祉、労働などをふまえた「個別の教育支援計画」

表 12-1　通常学級数・特別支援学級数・特別支援学校数の推移

(平成 30 年度学校基本調査より作成)

年度	通常の学級（単位：学級）		特別支援学級（単位：学級）		特別支援学校	
	小学校	中学校	小学校	中学校	学校数（単位：校）	在学者数（単位：人）
平成 20	250,991	107,603	27,674	12,330	1,030	117,035
平成 25	239,678	107,305	34,133	15,610	1,080	132,570
平成 26	237,128	106,442	35,570	16,482	1,096	135,617
平成 27	234,931	105,474	37,324	17,262	1,114	137,894
平成 28	232,378	103,740	39,386	17,842	1,125	139,821
平成 29	230,910	101,690	41,867	18,326	1,135	141,944
平成 30	229,439	99,450	44,208	18,873	1,141	143,379

※通常の学級とは、単式学級と複式学級の合計数である。

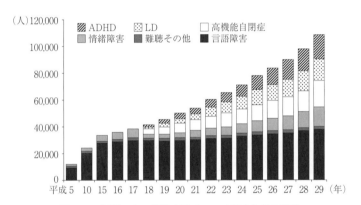

図 12-1　通級による指導を受けている児童生徒の推移

(平成 29 年度通級による指導実施状況調査結果より作成)

を活用し、長期的な教育的支援を行う。通常の小中学校においても必要に応じて「個別の教育支援計画」を策定し、支援を行う。

⑤「個別の指導計画」の作成：特別支援学校では、障害の程度や多様化に応じた教育を行うために「個別の指導計画」を活用し、さらなる指導の充実を進める。小中学校でも必要に応じて「個別の指導計画」を作成し、1 人ひとりに対応した教育を進める。

⑥教員の専門性の向上：校内での研修実施や、校外での研修への参加によ

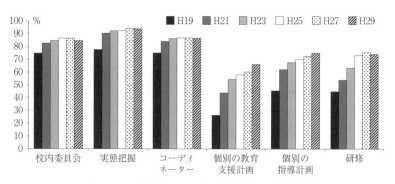

図 12-2　国公私立計・幼小中高計・項目別実施率
(平成 26 年度および 29 年度特別支援教育体制整備状況調査より作成)

って、特別支援教育に関する専門性を高める。

　これらの体制や取組は、特別支援教育体制整備状況調査の結果からも明らかなように、年々整えられている（図 12-2）。

C　特別支援教育における教員の役割

　学校はすべての児童生徒にとって安心・安全な場所であり、学ぶ楽しさを経験できる場所であることが求められる。これを実現するためには、特別支援教育を担当する教員のみならず、通常の学級を担当する教員も、特別支援教育を必要とする児童生徒を指導・支援するための基本的な知識や技術を身につけ、学校全体で協力していかなければならない。

　特別支援教育の推進をはかるために整えられてきた取り組みの 1 つとして特別支援教育コーディネーターがある。コーディネーターの具体的な仕事は、校内委員会のための情報収集と準備、担任への支援、校内研修の企画と運営、関係機関の情報収集、専門機関などへ相談する際の情報収集や連絡調整、専門家や巡回相談員との連携などであり、学校内外の関係者や福祉・医療などの関係機関との連絡調整および保護者に対する学校の窓口としての役割を担っている。このように、特別支援教育コーディネーターは特別支援教育においてさまざまな機能を果たすことが期待されており、表 12-2 にまとめられている資質や技能が必要であると考えられている（松村, 2006）。これらの資質や知識、技能のすべてを、1 人の教員が初めから備

表 12-2　特別支援教育コーディネーターに必要とされる資質や技能
(松村，2006, p. 12 より作成)

役割	活動と必要な力	そのための資質や知識・技能
保護者の相談窓口	保護者の心配事を聞き，状況を把握し，支援につながる次のステップへ導くための力	カウンセリングマインド，カウンセリング技術，障害についての知識，アセスメント技能
教員（校内）の相談窓口	教員の心配事を聞き，状況を把握し，支援につながる次のステップへ導くための力	
校内外の関係者との連絡・調整	校内外の関係者から情報を収集し，支援のための知恵や力を引き出し，チームワークを形成する力	情報収集・活用の技能，交渉する力，ファシリテーション技能，人間関係を調整する力
地域の関係機関との連絡・調整連携とネットワークの構築	地域の関係機関の情報を集め，関係者間をつなぎ，支援のためのネットワークを形成する力	
教育的支援の充実	校内支援体制の整備，理解啓発，支援・指導の研究や研修等の推進，地域への啓発や支援を推進する力	障害についての知識，個別の指導計画や個別の教育支援計画の知識，特別支援教育に関する知識，教科指導や学級経営に関する知識や技能

えていることは稀である。経験や研修を通して、知識や技能を獲得していく必要があるが、さらに重要なことは複数の教員で協力し、専門機関と連携をとりながら、学校全体で対応できるようにしていくことである。それでもなお、教員だけの力では充分な支援が困難な場合が想定され、政府はこれに対応すべく特別支援教育支援員を配置できるよう地方財政措置を行うことを決定した。特別支援教育支援員は、特別支援教育コーディネーターや担任教員と連携をとりながら、障害のある児童生徒に対し、食事や排泄、教室移動の補助、発達障害の児童生徒に対し学習活動上のサポートを行うことが主な役割である。個々のニーズに応じた適切な教育を実施するために、特別支援教育支援員を活用することも有効である。

2 学習方法の工夫

A 発達障害のある児童生徒が抱える問題

　発達障害のある児童生徒は、一次障害である発達障害の症状（**第11章**、参照）だけでなく、周囲からその障害を理解されないことによって生じる二次障害によって、不快な状況を長期にわたり体験することになる。LDやADHD、高機能自閉症などのある児童生徒の中には、知的発達に遅れがなく、学習能力が保たれている者が多いため、発達障害の症状として気づかれなかったり、認められなかったりすることがある。それによって、必要な支援が受けられないだけでなく、周囲からは「努力不足」「わがまま」といったような否定的な見方をされることが多いのである。このような児童生徒は、「自分は何もできない人間だ」と劣等感を持ちやすく、それが続くと無気力に陥ることもあり、本来であればできることも困難になってしまうことがある。通常、障害のない児童生徒でも劣等感を全く持たずに学校生活を過ごすことは稀であるが、発達障害による劣等感は一般的なものと質的に異なる。発達障害のある児童生徒は、成功体験が圧倒的に少ないのである。そのため、「悔しい」「今度こそはできるはず」と劣等感をよい方向へと転換し、再度挑戦する行動をとることが難しい。不快な状況を長期にわたり繰り返し体験し、そこから逃れることができない状態が続くことによって学習性無力感と同様の状態となったり、不快な場所から離れようとして不登校へとつながっていくこともある。不登校は、近年大変深刻な問題として取り上げられており、不登校と発達障害の関係性も明らかにされている（加茂・東條，2009；武井・宮崎・目良・松尾・佐藤・原岡・鈴木・平間，2009）。文部科学省が2016（平成28）年に報告した「不登校児童生徒への支援に関する最終報告」でも、発達障害と不登校との関連が指摘されている。

　二次障害は、適切な支援を行えば改善がみられるものである。一次障害である発達障害の特性に応じた指導を工夫するとともに、「できる」という体験を多くさせることで自己効力感を形成していくことが大切であり、二次障害が生じないよう常に意識して、指導に当たることが望まれる。

B　特性に応じた指導・対応

　効果的な学習指導を行うためには、一般的な指導だけでなく、児童生徒の特性に応じた指導を組み合わせることが重要である。一般的な指導としては、児童生徒が自ら積極的に学習に取り組めるような工夫や、課題を児童生徒の理解度に合わせた難易度にし、無理なく効果的に学習できるようスモールステップに分け、課題への取り組み具合や正誤に関して随伴的にフィードバックを与えるなどが考えられる。

　特性に応じた指導を行うには、児童生徒1人ひとりのニーズを把握する必要がある。そのためにはまず、児童生徒の様子を観察しなければならない。児童生徒が「いつ」「どこで」「どのような場合に」「どのような問題に直面するのか」に加えて、できることや努力していること、得意なこと、何に興味関心があるのかなども観察のポイントであり、児童生徒が抱える問題を正確に把握し、指導していくために必要不可欠な情報である。情報が収集できたら、対象の児童生徒の特性に応じた指導や対応を考えていくこととなるが、その際は教員1人で考えるのではなく、同僚や特別支援教育コーディネーター、養護教諭などに協力を仰ぎ、学校全体で問題解決に向けて検討していくことで、より適切なサポートが可能となる。発達障害のある児童生徒は、障害の種類によって共通する特性があるため、以下に発達障害の種類に分けて指導の方法を記す。

[1]　学習障害の場合

　学習障害（LD：Learning Disabilities）とは、全般的な知的発達の遅れは見られないが、「読む」「聞く」「話す」「書く」「計算する・推論する」などの特定の能力に著しい困難を示すものである。たとえば、教員や友達との会話には何ら問題が見られないが、教科書の音読ができないなどが挙げられる。LDは、中枢神経系の機能障害が要因として考えられている。そのため、知覚や認知過程に問題が生じるのである。つまり、外界にあふれている情報から自分にとって必要な情報を選択して受け取り、その情報を整理し、これまでの経験などに関連づけて表出するといった一連の流れのどこかが充分に機能しないのである。その結果として、学習面での問題に直面すると考えられている。LDのある児童生徒が直面する問題は1人ひとり異な

るため、それに対応した指導をしていかなければならない。その際、苦手としていることを少しでもできるように支援することはもちろんだが、得意な方法に置き換えることも有効であり、そうすることで他の児童生徒と同じような学習の内容に取りかかることができることも知られている。LDであることによって生じる学校場面での問題と、それに対する具体的な指導について以下に記す。

①話を聞いて理解することができない：集中して話を聞いたり、聞いて意味を理解したりすることが苦手な場合は、聞くことができていないことを自覚させることから始める。教員は、話す前に対象の児童生徒の名前を呼んだり、その子どもの目の前へ行くなどして、話している相手を見ながら話を聞くことを意識させる。聞いた後にはメモを取る、聞くことができなかったときには「もう1度言ってください」と言うなど、ルールを教える。また、言葉による説明だけでなく、絵や実物を提示し、視覚的に情報を伝達することで理解が促進されたり注意が持続したりするため、見て理解できるような工夫をする。

②黒板や紙面に書かれた文字を読むことができない：文字を音に変換することが困難で、1文字1文字拾い読みのようになったり、似ている文字を間違えて読んだり、飛ばし読みをすることがある。その結果、何について書かれていたか理解することができなくなる。このように、書かれている文字を読むことが苦手な場合は、本人の読みやすい大きさに文章を拡大したプリントを配布したり、1行の文字数を減らし、行間を広くするなどの工夫をするとよい。漢字や言葉の意味と文字を一致させながら学習させることも効果的であるため、文章の内容が想像できるような絵や図を一緒に提示するのもよい。また視覚的な情報だけでなく、音声によって説明を加え、聴覚的に情報を伝達する工夫をすると理解しやすくなる。

③うまく話すことができない：相手の質問に答えようとして言葉が出てこない場合は、質問を聞き取れていない場合がある。その際は①に挙げたような対応が望まれる。相手の話は聞き取れているが言葉が出てこない場合は、短い言葉で質問を言い直してみたり、何が言いたいのかを教員が推測して代弁したり、「…と言いたいのですか？、それとも…かな？」

といったように選択肢を示していくことで、対象の児童生徒は自分の考えと照らし合わせることができる。

④書くことができない：口頭で発言することは流暢にできても、文章を書くとなると、言いたいことの半分も書けないようなことがある。文字の細部が正しく書けない、漢字が正確に書けない、行やマスの中に収まるように書けない、などが具体例として挙げられる。授業では、慌てず丁寧に書かせることに重点をおいて指導することが必要になるため、時間がかかることを念頭に入れて授業内容の時間配分を決定していかなければならない。また、行幅の大きいノートを使うなどの工夫が必要である。パーソナルコンピュータなどを使うことで書くことができる児童生徒もいるため、代替として用いることも時に有効である。

[2] 注意欠陥／多動性障害の場合

　注意欠陥／多動性障害（ADHD：Attention-Deficit/Hyperactivity Disorder）は、不注意、多動性、衝動性といった3つの特徴が、その年齢の平均よりも著しい頻度で見られ、日常生活においてさまざまな困難に直面する。不注意といった特徴は、気が散りやすく、持続的に注意を向けることが困難であり、話しかけられても聞いていない、などの症状で示される。多動性は、過活動で落ち着きがなく、座っていられず走り回る、しゃべり続ける、などの症状で示される。衝動性は、自分の行動をコントロールすることが困難で、順番を待てない、他者のじゃまをする、などの症状で示される。周囲は、不適切な行動をわざとやっているような印象を持つこともあるが、本人はそのような意識はなく、やってはいけないとわかっていてもやめられない場合が多い。このような症状が、学校場面でどのように現れるのか、またどのような教育的支援ができるのか、以下に記す。

①忘れ物や紛失物が多い：忘れやすいもの、紛失しやすいものは何かを観察する必要がある。本人の興味のあるものとないものとでは違いがあるのか、日常的によく使用するものとそうでないもので偏りがあるのか、などが観察のポイントとなる。それらを把握したうえで、児童生徒にあったメモの取り方を学ばせたり、物を置く場所を決めて必ず所定の位置に置くようルールを学習させる。家庭での指導も必要であるため、保護

者などと連携をとってルールを徹底することで定着させていく。

②順番が待てない、最後まで話を聞くことができない：順番を待たなければならない状況であること、他者の話や行動を遮ってはいけないことを理解しているのか、または理解はしているが行動をコントロールすることができないのかなど、どの水準で困難を示しているのかを把握する必要がある。その際には、ソーシャルスキルトレーニング（SST）を取り入れることが有効である。SST では、まず待つことの意義を理解させ、そのうえで見本を見せることから始める。そして、教員と一緒に待つことを練習し、それができたら 1 人でやってみる、1 人でできるようになったら実際の場面でやってみる、といったように、スモールステップで進める。できたときには褒め、できなかったときには良い点と悪い点やどうすればもっと良くなるのかを具体的に指導する（フィードバックを与える）ことが必要不可欠である。また、役割を交代し、順番を抜かされたり話や行動を遮られることを経験させることで、相手の気持ちを考えることにも役立つ。何かをしたいときには挙手させるなどのルールを SST の中で教えていくことも効果的である。

③指示に従うことができない：指示の内容が理解できていないのか、取り組み方がわからないのか、どの水準で困難を示しているのかを把握したうえで、指示の内容を具体的にし、理解できていないときにはその旨を教員に伝えるよう指導する。

④課題や活動を続けることができない：課題や活動の内容を理解できていない場合は、③で記したように指示を具体的にすることが有効である。内容が理解できている場合は、どのくらいの時間で続けられなくなるのか、教科や活動内容によって違いはあるのかを観察する必要がある。そのうえで、1 つの課題をスモールステップに分け、注意が続く時間内で達成できる課題内容とすることが有効である。ADHD のある児童生徒は、結果や評価をすぐに求める傾向があるため、課題の全体像を図や表などを用いて視覚的に確認できるよう工夫し、具体的に示したゴールまで到達できたらすぐに褒める。これを繰り返すことで、課題を最後まで継続できるようになる。また、窓側や出入り口を避け、黒板に近い席に座らせるなど、学習環境を整えることも有効である。

⑤授業中に教室を飛び出してしまう：まずは、どのようなときに教室を出
て行くのかを観察し、教室を飛び出してしまう理由を把握する。本人に
直接理由を尋ねることも有効である。教室を飛び出すということは感情
が高ぶっているということであり、そのようなときに力ずくで行動を制
止することは逆効果となる可能性が高い。しかし、教室を出て行く児童
生徒を黙認しては学級全体へも影響があるため注意が必要である。教室
を出て行くときには、どこへ行くのか、どのくらいで戻ってくるのかを
報告させる、行く場所を決めておくなど、授業中に黙って教室を出て行
ってはいけないというルールを学級全体で共有し、指導することが重要
である。

[3] 高機能自閉症の場合

　高機能自閉症は、コミュニケーションや相互関係がうまく築くことがで
きないなどの対人関係に問題を示す。また、興味や関心の範囲が狭く、特
定の物や行動にこだわり、独特な知覚や認知を持つ。これらが学校生活で
の不安を高め、適応を難しくしていることがある。たとえば、急な予定変
更や環境の変化を受け入れられなかったり、触れられることを痛いと感じ
たり、集団の中にいることが耐えられなかったりする。いつもと違うこと
や急な変化には不安感を抱き対応できずにパニックを起こす場合がある一
方で、難しい単語や外国語を知っていたり、計算力に優れていたりする場
合もあるため、周囲にわがままであると思われてしまうことが多くある。
このような症状のために、学校場面でどのような問題に直面するのか、ま
たどのような教育的支援ができるのか、以下に記す。

①パニックを起こす：いつもと異なる状況や本人が予測できないような事
態が生じた場合にパニックを起こし、暴れたり、自傷行為におよぶ場合
がある。本人にとって予測できないような事態が生じないように、でき
る限り見通しの持てる環境作りをする必要があり、できれば、事前にい
つもと異なる行事があることや変更点を予告し、何から何へ変更される
のか、その変更をいつでも確認できるように教室の掲示板などに表示し
ておくことが効果的である。また、安心できる場所（たとえば保健室など）
を確保しておくことも有効である。パニックを起こしたとき、無理に行

動を制御しようとすると、これが刺激となって逆に長引くこともあるため、落ち着くまで待つなどの冷静な対応が求められる。また、感情をコントロールする指導も必要である。たとえば「1. 普通、2. 少しイライラする、3. とてもイライラする」など感情に関する指標を作成し、それを用いて自分が今どのくらい興奮しているのかを客観視させ、コントロールできるよう支援していくことができる。

②グループ活動に参加できない：グループ学習のような他者との共同作業において、何をすればいいのか自分の役割がわからず、グループの活動に参加できない場合がある。課題や目的を明確にし、具体的な役割を与えることが必要であり、その際には本人の興味のある部分や得意とする分野を担当させることが効果的である。

③手順や配置にこだわりが強い：教室内の物の位置が変わったり、今までの手順と異なったりすると不安を感じ、元の通りでないと気が済まないといった行動が生じる。ある程度のこだわりは許容することが必要であるが、①で記したように、あらかじめ予告し、具体的に示しておくことが有効な対応となる。

④曖昧な表現を理解できない：「自由に書いて」「適当にやって」「だいたいこのくらい」「どちらでもいい」といったような自由度の高い曖昧な表現は、児童生徒に混乱を生じさせ、動けなくしてしまう場合がある。「いつ・どこで・誰が・何を・どのように・なぜ」をできるだけ含めた具体的な表現に変えることで指示を理解でき、課題遂行につながる。

▌▌コラム▌▌ SST の手順とその意義

SST（ソーシャルスキルトレーニング）は社会の中で生きていくうえで必要とされるソーシャルスキル（他者との付き合い方や社会的ルールに沿った行動など）を学習し、使いこなすことができるようにする技法である。多くの子どもは、特別に練習しなくとも観察学習によって自然とソーシャルスキルを身につけていく。しかし、障害のある児童生徒などは、観察学習によってそれを身につけることが困難である場合が多く、SST の有効性が示されている。SST の基本的な手順は以下のようになる。

①教示：これから何をするのか、なぜそれを行うのか説明する。そのソーシャルスキルを身につけることの必要性を感じさせることが重要である。

②モデリング：教員が実際にやってみせる。それを観察して真似させる。

③リハーサル：場面を設定して、周囲の児童生徒も含めてロールプレイを行う。役割を交代して実施することによって、他者への理解を促進する。

④フィードバック：リハーサルでの行動において、良いところを褒める。褒める方法の基本は、児童生徒が望ましい行動をした場合に、すぐにその場で言葉を用いて褒めることである。褒める回数や褒める際に使用する言葉の種類以上に、行動と褒めることの随伴性（時間的接近）が重要である。また、言葉で褒めることに加えて、シールなどを与えることで動機づけを高めることも有効である。悪いところは、どのように修正すれば良くなるのか伝える。

⑤定着化：実際の生活の中でもできるように促す。

SST は、障害のある児童生徒に対して個別に実施されてきたが、最近では学級全体で、障害のない児童生徒とともに活動することの効果が示されている。学級全体で取り組むことによって、障害のある児童生徒の進歩が小さかったとしても、周囲がその過程での努力や困難さなどを感じとることができるのである。また、障害のある児童生徒にとって、うまくできないことも含めて自分の存在を受け入れ、認めてくれる学級集団の存在意義は大きい。周囲の児童生徒にとっては、障害を正しく理解することや思いやりの気持ちを育むことにもつながるのである。

注）

1) 2014（平成 26）年 6 月以降、DSM-5 においては限局性学習症（SLD）へと名称が変更され、より具体的な基準が設けられた。

2) 2014（平成 26）年 6 月以降、DSM-5 においては注意欠如・多動症（ADHD）へと名称が変更され、神経発達症群のカテゴリーに位置づけられた。

3) 2014（平成 26）年 6 月以降、DSM-5 においては自閉性障害やアスペルガー障害などを包括した、自閉スペクトラム症（ASD）へと名称が変更された。

引用文献

加茂聡・東條吉邦（2009）． 発達障害の視点から見た不登校——実態調査を通して 茨城大学教育学部紀要（教育科学）58, pp. 201-220.

松村勘由（2006）． 特別支援教育コーディネーターの役割・機能について 「特別支援教育コーディネーターに関する実際的研究」報告書 国立特別支援教育総合研究所 2006 年 3 月
〈http://www.nise.go.jp/kenshuka/josa/kankobutsu/pub_c/c-58/c-58_02_01.pdf〉
（2015 年 9 月 26 日）

文部科学省（2002）． 通常の学級に在籍する特別な教育的支援を必要とする児童生徒に関する全国実態調査 文部科学省 2002 年
〈http://www.mext.go.jp/b_menu/shingi/chousa/shotou/018/toushin/030301i.htm〉
（2015 年 9 月 26 日）

文部科学省（2012）． 通常の学級に在籍する発達障害の可能性のある特別な教育的支援を必要とする児童生徒に関する調査結果について 文部科学省 2012 年 12 月 5 日
〈http://www.mext.go.jp/a_menu/shotou/tokubetu/material/__icsFiles/afieldfile/2012/12/10/1328729_01.pdf〉（2015 年 9 月 26 日）

文部科学省（2015）． 平成 26 年度特別支援教育体制整備状況調査調査結果

文部科学省（2018）． 平成 29 年度通級による指導実施状況調査結果について

文部科学省（2018）． 平成 29 年度特別支援教育体制整備状況調査結果について

武井明・宮崎健祐・目良和彦・松尾徳大・佐藤譲・原岡陽一・鈴木太郎・平間千絵（2009）．不登校を呈した高機能広汎性発達障害の臨床的検討 精神医学 51 巻 3 号，pp. 289-294.

考えてみよう
・・・・・・・・・・・・・・・・・・・・・・・・・・・・・・

(1) 特殊教育と特別支援教育の類似点と相違点を挙げ、特別支援教育が目指していることを説明してみよう。

(2) 通常の学級で特別支援教育を行う際に生じると考えられる問題にはどのようなものがあるだろうか。さまざまな側面から考えて予想される問題を挙げ、その解決のためどのような行動をすべきか考えてみよう。

理解を深めるための参考文献

第1章　発達とは

- トマセロ, M. 著　大堀壽夫・中澤恒子・西村義樹・本多啓訳（2006）．　心とことばの起源を探る——文化と認知　勁草書房

  トマセロは、言葉を中心として、人間の発達について社会性に着目した理論を提案している。本書は、人間とは？　発達とは？　といった基本的な問題について考えるうえで大変に参考になる文献である。

- 柴田義松（2006）．　ヴィゴツキー入門　子どもの未来社

  ヴィゴツキーによる「発達の最近接領域」の理論は、発達と教育の関係についての理論として着目されているが、原典は翻訳であっても難解である。本書は、入門書として理解しやすく、発達の最近接領域を理解するための良書である。

第2章　知性・認知の発達

- 岩立志津夫・小椋たみ子編（2005）．　よくわかる言語発達　ミネルヴァ書房

  言語発達を初学者でもわかりやすく、トピックごとに解説している。

- 滝沢武久（2007）．ピアジェ理論からみた幼児の発達　幼年教育出版

  ピアジェの理論は難解だが、ピアジェ理論に精通した著者が、実際の幼児教育の例を豊富に挙げてピアジェ理論の概要を説明している。

第3章　社会性の発達

- 遠藤利彦・石井佑可子・佐久間路子編（2014）．　よくわかる情動発達——やわらかアカデミズム・〈わかる〉シリーズ　ミネルヴァ書房

  社会性と強い関連のある情動の発達を、知性や他者との関係性、共感、愛着、パーソナリティとの関連からわかりやすく解説されている。トピックごとにまとまっており、詳細な内容の割に初学者にも読みやすい。

第4章　青年期の発達

- エリクソン, E.H. 著　西平直・中島由恵訳（2011）．　アイデンティティとライフサイクル　誠信書房

  エリクソンの自我同一性に関する代表的な論文が収録され、人間の発達について包括的に記述された名著。理論も文章表現も難解ではあるが、巻末の訳者解説も合わせて読みながら、理解を進めることができる。

- ルソー, J.-J. 著　今野一雄訳（1962-64）．　エミール　全3冊　岩波書店

  18世紀の啓蒙書で、その後の教育思想に多大な影響を与えた。教育の重要性を指摘しており、教職を目指す大学生にとって、動機づけを新たにすることができよう。

- 日本応用心理学会企画　藤田主一・浮谷秀一編（2015）．　クローズアップ「学校」——

現代社会と応用心理学1　福村出版
教育環境をめぐる話題を心理学的な視点から解説。最新のトピックスが盛り込まれ、学校教育を理解するために欠かせない。

第5章　学習の理論

- メイザー, J. E. 著　磯博行・坂上貴之・川合伸幸訳（2008）．メイザーの学習と行動　第3版　二瓶社
  学習心理学の全体を解説している。学習心理学で何が議論されてきたのかを把握することができる。
- 杉山尚子（2005）．行動分析学入門──ヒトの行動の思いがけない理由　集英社
  動物の研究が多いオペラント条件づけの研究を人の行動を題材に解説している。オペラント条件づけがどう役立っているのかを知ることができる。

第6章　認知と学習

- 市川伸一（2000）．勉強法が変わる本──心理学からのアドバイス　岩波ジュニア新書　岩波書店
  授業で行う勉強（教科学習）で直面する困難の原因（なぜ覚えられないのか、なぜわからないのか）を認知心理学の知見に基づいて説明し、合理的な学習方法を提案している。
- 高橋雅延（2008）．認知と感情の心理学──心理学入門コース2　岩波書店
  記憶の機能について、これまでの研究から得られた知見に基づいて丁寧に、平易な文章で説明されている。

第7章　動機づけ

- 櫻井茂男（2009）．　自ら学ぶ意欲の心理学──キャリア発達の視点を加えて　有斐閣
  動機づけに関するさまざまな理論がまとめられている他、自ら学ぶ意欲を高める効果的な教育（保育を含む）について、発達段階ごとに紹介されている。
- 上淵寿・大芦治編（2019）．　新・動機づけ研究の最前線　北大路書房
  動機づけの基本的理論をふまえ、最新の動機づけ研究が数多く紹介されている。社会文化的なアプローチや発達的観点も加えられている。

第8章　学習・認知の理論の教育への応用

- 伊藤崇達編（2010）．やる気を育む心理学　改訂版　北樹出版
  自己調整学習の理論を中心として、学習場面でやる気を高める方法や支援についての理論や実践について、よくまとめられている。
- 杉江修治（2011）．協同学習入門──基本の理解と51の工夫　ナカニシヤ出版
  グループで学習するということについて、大切な考え方とそのための工夫がまとめられており、グループ学習を取り入れる際に大変に参考となる文献である。

第9章　知能

● ディアリ, I. 著　繁桝算男訳（2004）．知能　岩波書店
　知能研究に関する入門書。多重知能理論や情動知能に関する批判も記載されている。

● ガードナー, H. 著　松村暢隆訳（2001）．MI——個性を生かす多重知能の理論　新曜社
　古典的な知能理論の限界を指摘しつつ、社会的知能を取り入れた知能理論である多重知能理論を紹介したもの。

第10章　教育評価

● 田中耕治（2008）．教育評価　岩波書店
　教育評価に関わる理論的側面や、日本の教育制度や指導要録に関連させた議論が詳細に行われている。

● 西岡加名恵・石井英真・田中耕治編（2015）．新しい教育評価入門——人を育てる評価のために　有斐閣
　評価の機能や方法の紹介に加えて、実践や改善にどう活かすのかについて、最近の研究を踏まえて議論されている。

第11章　発達障害とは

● 原仁責任編集（2019）．新版 子どもの発達障害事典　合同出版
　発達障害についての疑問にわかりやすい言葉で答える形で解説している。DSM-5に対応した医学的知識と教育現場における支援の仕方がバランスよく配置されており、初心者にも読みやすい。

● 田中康雄（2004）．ADHDの明日に向かって——認めあい・支えあい・赦しあうネットワークをめざして　第2版増補　星和書店
　ADHDの医学的診断、原因論、治療方針、各機関の連携等がわかりやすくまとめられている。診断基準は出版当時から少し変わっているが、治療の方向性は大きく変わることなく、現在も参考になる。

● ニキリンコ・藤家寛子（2004）．自閉っ子、こういう風にできてます！　花風社
　当事者である著者とこの本の出版社（花風社）代表による対談形式の本。独特な認知や感覚について読みやすい文体で書かれており、まだ自らを上手に表現できない子どもたちもこのように感じているのかもしれない、と考えさせられる。続編もあり。

第12章　発達障害への教育支援

● 武藏博文・惠羅修吉（2013）．エッセンシャル 特別支援教育コーディネーター　第2版　大学教育出版
　特別支援教育の歴史や学校での支援体制のあり方、発達障害の理解と支援について、教員が知っておくべき情報が記されている。

● 柘植雅義・渡部匡隆・二宮信一・納富恵子編（2014）．はじめての特別支援教育　改訂版——教職を目指す大学生のために　有斐閣

特別支援教育について、その理念やシステム、子どもの理解と指導のみならず、保護者や関係機関との連携にいたるまで網羅されている。

索　引

編者・執筆分担

内藤佳津雄（ないとう　かつお）……………………… はじめに、第1・8章
日本大学文理学部　教授

北村世都（きたむら　せつ）……………………………………… 第2・3章
聖徳大学心理・福祉学部　教授

鏡直子（かがみ　なおこ）…………………………………………… 第11章
特定非営利活動法人 銀杏の会　御茶ノ水発達センター　センター長

執筆者 (五十音順)・執筆分担

相澤裕紀（あいざわ　やすのり）………………………………… 第9章
量子科学技術研究開発機構　量子生命科学研究所／量子医科学研究所　技術員

伊藤令枝（いとう　よしえ）………………………………………… 第4章
日本大学理工学部　非常勤講師

大森馨子（おおもり　けいこ）…………………………………… 第12章
日本大学文理学部　非常勤講師

白川真裕（しらかわ　まゆ）………………………………………… 第7章
聖徳大学心理・福祉学部　准教授

田中未央（たなか　みお）…………………………………………… 第6章
敬愛大学教育学部　准教授

玉木賢太郎（たまき　けんたろう）……………………………… 第5章
量子科学技術研究開発機構　量子生命科学研究所　研究員

望月正哉（もちづき　まさや）…………………………………… 第10章
日本大学文理学部　教授

Next 教科書シリーズ 発達と学習 ［第 2 版］

2016（平成 28）年 2 月 28 日　初　版 1 刷発行
2020（令和 2 ）年 3 月 15 日　第 2 版 1 刷発行
2024（令和 6 ）年 5 月 15 日　　同　 3 刷発行

編　者　内藤　佳津雄・北村　世都・鏡　直子
発行者　鯉渕　友南
発行所　株式会社　弘文堂　　101-0062　東京都千代田区神田駿河台 1 の 7
　　　　　　　　　　　　　　TEL 03（3294）4801　　振替 00120-6-53909
　　　　　　　　　　　　　　https://www.koubundou.co.jp

装　丁　水木喜美男
印　刷　三美印刷
製　本　井上製本所

ISBN978-4-335-00244-1

━━ Next 教科書シリーズ ━━

■ 好評既刊

授業の予習や独習に適した初学者向けの大学テキスト

（刊行順）

Next 教科書シリーズ

■■ 好評既刊